Homo itinerans

La planète des Afghans

Alessandro Monsutti

Homo itinerans

La planète des Afghans

puf

Ouvrage publié à l'initiative scientifique de Michel Agier

ISBN 978-2-13-080123-8

Dépôt légal – 1re édition : 2018, septembre

© Presses Universitaires de France/Humensis, 2018

170 bis, boulevard du Montparnasse, 75014 Paris

À Alice.
À Lara et Nando,
mes compagnons d'itinérances

Préambule

> « *Nous allions, changeant de pays plus souvent que de souliers, à travers les guerres de classes, désespérés, là où il n'y avait qu'injustice et pas de révolte.* »
>
> *Bertolt Brecht,*
> À ceux qui viendront après nous *(1939)*

« Je suis d'où je vais ! », me dit au détour de la conversation le vieil homme. Sur le coup, je ne prête guère attention à cette affirmation apparemment paradoxale. Peut-être n'est-ce que la réponse littérale à l'une de mes questions d'ethnographe consciencieux. Nous marchons en effet le long d'une route nous conduisant à Bamyan, dans les hautes terres du centre de l'Afghanistan, et je lui ai demandé d'où il était originaire. Pourtant, le sourire énigmatique de mon interlocuteur m'est depuis souvent revenu à l'esprit. Le souvenir de l'ironie bienveillante avec laquelle il m'a regardé, du morceau de pain et de la tasse de thé tiède de son thermos qu'il a partagés sans hésiter avec moi lors d'une pause a fini par me convaincre que cet énoncé avait une signification plus profonde.

C'est l'été 1996 ; doctorant en anthropologie, je sillonne le Hazarajat (région centrale de l'Afghanistan) pour documenter l'incidence des migrations d'une région à l'autre. Je viens d'abandonner un compagnon trop volubile qui prétendait avoir combattu en héros contre l'Armée rouge mais se plaignait à force cris des cailloux qui blessaient ses pieds. Après un éreintant voyage en camion, une nuit passée à même le sol dans une de ces austères auberges qui ponctuent les routes d'Afghanistan, je suis heureux de pouvoir marcher et aspire au silence pour jouir du paysage. Pour la première fois, je m'approche de la fameuse vallée aux bouddhas, qui allaient être détruits quelques années plus tard par les talibans. J'engage néanmoins avec plaisir la conversation avec ce vieil homme issu de nulle part. Son turban bleu indique qu'il a fait le pèlerinage chiite de Kerbela, en Iraq, et s'est recueilli sur la tombe de l'imam Hussain assassiné en 680 de l'ère chrétienne par les troupes du calife omeyyade. Des babouches en caoutchouc dans lesquelles sont glissés ses pieds nus, une parka délavée et un simple baluchon jeté sur son épaule complètent le personnage. « Je suis d'où je vais ! » Peut-être s'agit-il de la citation d'un de ces poètes mystiques que les paysans, mêmes non scolarisés, connaissent si bien. Toute créature est destinée à retourner par des voies diverses vers son créateur. Nous ne sommes pas définis par le lieu où nous sommes nés mais par le chemin que nous parcourons. La vie en acte, la vie comme un voyage. L'*homo afghanicus* n'est-il pas d'abord un

Préambule

homo itinerans, qui se déplace pour fuir la violence ou chercher de meilleures ouvertures économiques, qui multiplie ses affiliations politiques pour gérer une situation d'insécurité, qui passe d'une activité à l'autre au gré des circonstances pour subvenir aux besoins de sa famille ? C'est de cette mobilité spatiale, de cette fluidité politique et de cette plasticité socioéconomique qu'il sera question dans les pages qui suivent.

L'image de l'Afghanistan que je souhaite transmettre se détourne résolument de celle d'un pays suspendu en dehors de l'historicité des régions qui l'entourent, d'une marge certes magnifique mais rétive au changement. Le territoire qui forme l'Afghanistan d'aujourd'hui n'est pas une enclave qui aurait échappé aux développements politiques de l'ère moderne, intellectuellement et économiquement repliée sur elle-même. C'est un espace ouvert sur l'extérieur, une arène où se sont affrontées les grandes idéologies politiques de ces deux dernières centaines d'années. Cristallisé comme État tampon à la fin du XIXe siècle par la confrontation entre empires russe et britannique (dans des frontières qui ne bougeront pratiquement pas jusqu'à la période contemporaine), c'est l'un des rares pays du monde islamique à avoir conservé une large indépendance face aux pouvoirs coloniaux. Il servira à ce titre de référence pour les musulmans du Moyen-Orient et du sous-continent indien engagés dans la lutte anticoloniale. Directement affecté par le communisme, il a aussi été l'un des principaux sites d'éclosion de l'islam politique le plus radical. Depuis l'intervention en 2001 d'une coalition menée par les États-Unis, c'est aussi l'un des récipiendaires les plus importants de l'aide internationale et un endroit où le modèle de la paix néolibérale a été promu de façon massive.

L'*homo itinerans* se décline ainsi de plusieurs façons : certains fuient la violence et essaient de se rendre en Europe, en Australie ou en Amérique du Nord ; d'autres vont d'un pays à l'autre, au gré des crises et des emplois qu'elles suscitent. Ainsi, si la société afghane a été marquée de façon durable par la guerre et l'exode d'une partie de sa population, elle l'a été également par la présence d'une myriade d'organisations internationales et non gouvernementales. Aux déplacements des réfugiés correspond la circulation d'experts qui exercent leurs talents en Afghanistan après avoir été en République démocratique du Congo, en Palestine ou au Timor oriental. C'est aussi de ces mobilités multiples qui s'entrecroisent, de la rencontre entre des combattants et des acteurs humanitaires, entre des villageois et des bureaucrates transnationaux que je vais parler. Mais ces circulations transnationales ne se déploient pas dans un monde horizontal. Autour de l'Afghanistan se tissent diverses formes d'itinérance qui expriment les relations de pouvoir et les inégalités globales. Les experts se rendent du nord au sud, les requérants d'asile se déplacent en direction inverse du sud au nord ; ceux-là promeuvent des normes sociales et politiques censément universelles, ceux-ci démasquent par leur mobilité la répartition inéquitable des ressources, que ce soit le bien-être économique ou la possibilité de vivre en sécurité.

Mon propre périple afghan commence en 1993 lorsque – encore étudiant – je participe au Pakistan à

Préambule

un séjour de recherche encadré par Pierre et Micheline Centlivres, ethnologues ayant dédié une partie de leur carrière à l'Afghanistan. Issu d'une famille marquée par son histoire migratoire, m'étant défini dès mon enfance en référence à une multitude de lieux, j'ai très vite été sensible aux « territoires circulatoires » – pour emprunter l'expression d'Alain Tarrius[1] – développés par les Afghans. L'anthropologie tend à être vue par ceux qui la pratiquent, par ceux qui la lisent, par ceux qui en entendent parler, comme l'étude de groupes sociaux localisés. Influencé par les premières recherches sur les réseaux transnationaux, je me suis d'emblée situé en dehors de cette perspective. Difficile en effet de parler dans le contexte régional qui m'intéresse d'un lien organique entre société et territoire. Mon but est d'emblée de montrer que les réfugiés afghans restent des acteurs de leur destinée, capables malgré la guerre de développer des stratégies fondées sur la mobilité et la dispersion des groupes familiaux.

Au cours de mes séjours de terrain successifs, j'ai également pris conscience de la prégnance de l'action humanitaire dans la vie des gens parmi lesquels j'évolue. La réalité afghane ne se laisse décidément pas approcher de la façon que l'on m'a enseignée dans les cours de méthode ethnographique. Certes, je suis resté marqué par certains aspects que l'on peut qualifier de classiques : l'apprentissage de la langue, en l'occurrence le dari (persan d'Afghanistan) ; l'atten-

---

1. Tarrius, 1995 et 2002. Les références complètes des ouvrages cités dans le texte par l'année de leur publication se trouvent dans la bibliographie finale.

tion portée aux faits de parenté, qu'ils soient liés à la filiation ou à l'alliance ; la récolte de récits de vie permettant d'illustrer des phénomènes sociaux plus vastes ; sans oublier la place centrale – non exempte d'une certaine fétichisation – de l'observation participante. Mais pour étudier la société afghane, je conduis mon travail empirique dans une variété de sites, en changeant constamment d'échelles, sans privilégier un niveau d'observation ou d'analyse : pour reconstituer ce qui se déroule dans un hameau des hauts plateaux du Hazarajat, je passe du temps sur les chantiers de Téhéran, j'assiste à des mariages à New York et participe à des barbecues à Adelaïde ; pour comprendre la vie des camps de réfugiés au Pakistan et les conditions du rapatriement dans le pays d'origine, je me rends dans les locaux d'organisations internationales et de ministères, à Kaboul comme à Genève. Tout l'enjeu est dès lors de se décentrer épistémologiquement – et éthiquement – pour mieux comprendre ce qui est au cœur du monde contemporain[1].

Ma recherche ne se concentre pas sur une communauté au territoire clairement circonscrit. Je me laisse guider par les relations développées au fil du temps afin de dégager les stratégies des personnes qui acceptent de répondre à mes questions, qui m'accueillent sur leur lieu de travail ou à leur domicile. Je m'efforce de partager leur quotidien, consacrant plus d'énergie à observer qu'à poser des questions. Je reconstitue progressivement leurs liens sociaux les plus quotidiens, les logiques cachées derrière la circulation constante

---

1. Agier, 2013 et 2016.

Préambule

et la dispersion des groupes de parenté, les formes de solidarité qui échappent à tout déterminisme. La construction du savoir passe par une implication personnelle et la nécessaire distanciation intellectuelle n'évacue pas toute proximité affective.

Suivre les pérégrinations de quelques personnes avec lesquelles je développe des liens plus étroits me conduit au milieu des années 1990 à me déplacer entre l'Afghanistan, le Pakistan et l'Iran. Mes sites se diversifient au fur et à mesure que s'étend leur territoire circulatoire, et je suis conduit à élargir progressivement ma recherche à l'Europe, l'Amérique du Nord et l'Australie. Je me suis attaché à retracer les échelles spatiales telles qu'elles sont perçues et pratiquées par les acteurs sociaux, qu'ils soient réfugiés ou travailleurs humanitaires, Afghans ou Italiens. Le « local » et le « global » ne constituent donc pas pour moi des sphères conçues de façon préalable, un cadre prédéfini de référence. Mon intérêt pour la circulation et les flux n'a d'ailleurs pas comme corollaire une indifférence pour la manière dont des emplacements éloignés sont investis par mes interlocuteurs. Mon travail ethnographique consiste en une démarche processuelle qui place les dynamiques globales au cœur des situations quotidiennes d'interaction que j'observe, décris et analyse. Tout lieu est lu comme global alors que la globalité a ses racines dans les contextes particuliers.

Comment les gens se déplacent-ils ? Quelles sont les étapes de leurs parcours migratoires ? Où logent-ils ? À qui s'adressent-ils pour obtenir un emploi, un permis de séjour, un visa, une carte d'identité ou un passeport ? Comment font-ils pour envoyer de l'argent et des marchandises d'un pays à l'autre ? Comment restent-ils en contact malgré les faibles moyens techniques à leur disposition ? Sur quels liens de solidarité peuvent-ils compter ? À travers ces questions, je me propose de mettre en évidence les ressources socioculturelles que mes interlocuteurs mobilisent et les stratégies qu'ils mettent sur pied pour réagir à la déstructuration causée par la guerre et l'exil.

Mes itinérances de chercheur intéressé par les phénomènes migratoires sont troublées par les attentats de septembre 2001 à New York et Washington, qui remettent brusquement l'Afghanistan sur le devant de la scène internationale après une décennie d'oubli. L'intervention de la coalition militaire menée par les Américains et la chute des talibans à la fin de 2001 provoquent des changements spectaculaires. Le processus de démocratisation conduit sous l'impulsion de la communauté internationale aboutit à la tenue de plusieurs *loya jirga*, ou Grandes Assemblées (juin 2002, décembre 2003-janvier 2004, juin 2010), puis d'élections présidentielles (octobre 2004, août 2009, avril et juin 2014) et législatives (septembre 2005, septembre 2010)[1]. Des dizaines puis des centaines d'organisations arrivent en Afghanistan dans le sillage des militaires. Des milliers d'acteurs humanitaires, de spécialistes du développement et de la promotion de la démocratie s'installent à Kaboul dans des bureaux hautement sécurisés et loués à grands frais. C'est en premier lieu de cette période post-2001 qu'il s'agira dans ces pages.

---

1. Les élections législatives initialement prévues en 2015 ont été reportées à plusieurs reprises et devaient se tenir en juillet 2018.

Préambule

Une nouvelle ère commence pour l'Afghanistan. Elle est marquée d'abord par une vague d'optimisme. Le discours dominant veut que les Afghans soient fatigués par vingt-cinq longues années de guerre, de destructions, de déplacements forcés, qu'ils aspirent à la paix et à la justice sociale. Plutôt que de reconstruire rapidement les infrastructures du pays, il faut donner les moyens aux Afghans de mettre des mots sur leur rejet de la violence. Certes, quelques routes, des écoles et des dispensaires sont construits. Mais il faudra des années pour que tous les quartiers de la capitale, Kaboul, soient connectés au réseau électrique et un tronçon – dans le nord-ouest du pays – de la route circulaire qui contourne les hautes terres centrales pour relier les principales villes du pays attend encore d'être asphalté. L'essentiel des efforts est consacré à éduquer les Afghans à la paix par des ateliers sur la promotion de la démocratie, sur les droits de l'homme, sur l'émancipation féminine.

Comme beaucoup de chercheurs, je prends part – quoique avec circonspection – à cette industrie de la reconstruction postconflit. Je suis consultant pour diverses structures, en particulier pour une organisation de recherche basée à Kaboul, l'Afghanistan Research and Evaluation Unit. Années exaltantes, où cette collaboration m'amène à travailler étroitement avec un petit bureau du Haut Commissariat des Nations unies pour les réfugiés, l'Afghanistan Comprehensive Solution Unit. Notre dessein est de démontrer que la circulation des Afghans entre leur lieu d'origine et les pays limitrophes peut jouer un rôle positif dans le processus de stabilisation postconflit et qu'il faut dépasser le cadre d'action habituel qui considère seulement trois solutions au problème des réfugiés : le rapatriement dans le pays d'origine, l'intégration dans le pays de premier accueil, l'installation dans un pays tiers. Les animateurs de cette unité souhaitent contribuer à rénover le régime de protection internationale des réfugiés ; quant à moi, j'ai aussi pour but de questionner le modèle étatocentrique de la migration. Ma motivation est double. En ethnographe, je souhaite saisir l'occasion de mieux comprendre, en y participant, le système international. En citoyen, j'espère transmettre un autre regard sur la mobilité et questionner la vision selon laquelle la sédentarité est l'état normal de la vie sociale.

Sans pouvoir prétendre avoir été installé aux premières loges, je peux néanmoins observer *in situ* comment l'aide humanitaire et les projets de développement contribuent à transformer la société. Je constate, par exemple, comment le vocabulaire afghan s'enrichit de toutes sortes d'expressions anglaises tirées de la doxa développementaliste ou de leurs traductions en persan – *kâr-e grupi*, littéralement « travail de groupe », *hoquq-e bashar*, « droits de l'homme », *jâm'a-ye madani*, « société civile », *enkeshâf-e dehât*, « développement rural ». Les techniques du corps – que Marcel Mauss et Norbert Elias nous ont enseigné à considérer comme des phénomènes sociaux de première importance – se modifient également, que ce soit par la mixité entre hommes et femmes dans les bureaux des organisations internationales et non gouvernementales, la diffusion de l'usage des chaises dans les lieux publics ou l'évolution des codes vestimentaires des fonctionnaires.

Préambule

Pourtant, après une première période d'espoir et quelques succès formels, la situation de l'Afghanistan se dégrade à nouveau. Dès 2005, l'insurrection antigouvernementale gagne du terrain. Les experts internationaux dénoncent l'incurie et la corruption de l'administration centrale, la criminalité rampante et l'explosion de la production et du trafic de drogue. Hantés par la question *What went wrong* ?, ces mêmes experts internationaux considèrent que les succès de l'insurrection sont le corollaire de l'échec de la reconstruction. Mais ils peinent à remettre en question le paradigme même de leur action.

À l'instar de bien des Afghans, je me demande si les compromis politiques qui marquent l'élection présidentielle de 2014 sonnent le glas du processus de démocratisation, et plus généralement des espoirs d'intégration de l'Afghanistan dans le système international. L'échec de l'effort international de reconstruction ne peut s'expliquer par les seules erreurs commises, par les seules complexités du contexte afghan. Le pays illustre de façon particulièrement douloureuse des processus politiques, économiques et sociaux présents ailleurs en Asie, en Afrique et en Amérique latine, mais aussi en Europe : violence, migration, militarisation de la vie quotidienne, dérégulation des marchés, privatisation des services publics, chevauchements de souverainetés entre les acteurs étatiques et non étatiques. Contrairement à l'époque de Berthold Brecht, on ne parle plus de lutte des classes aujourd'hui, mais d'état de droit, de promotion de la démocratie, d'émancipation féminine. La situation politique démontre toutefois qu'une partie non négligeable de la population afghane n'est pas convaincue par ce prêt-à-porter que promeuvent les experts internationaux circulant d'un pays en crise à l'autre. Un segment – moins nombreux certes mais néanmoins significatif – est même entré en rébellion violente contre cet ordre politique, social et culturel, qui est perçu comme inéquitable ; il exprime un rejet que l'on retrouve ailleurs au Moyen-Orient et en Asie, en Afrique et en Amérique latine, et dont les termes mêmes restent difficiles à saisir.

Force est de reconnaître en effet que notre monde est marqué par une inégalité croissante – malgré les vœux pieux des objectifs du millénaire pour le développement – et que les disparités deviennent de plus en plus visibles. La croissance économique bénéficie aux plus riches, tandis que le reste de la société mondiale – en particulier les franges les plus pauvres mais aussi les classes moyennes – voient leurs conditions de vie stagner ou se dégrader. Chaque année, Oxfam publie un rapport sur l'économie mondiale. Depuis 2015, le pourcent le plus prospère de la population planétaire détient plus de richesses que le reste de l'humanité. Selon les estimations de la vénérable organisation non gouvernementale britannique, huit personnes seulement possèdent en 2016 la même richesse que la moitié la plus pauvre du monde[1].

Face à ces chiffres vertigineux, je ne peux m'empêcher de me demander si les talibans, mais aussi l'État islamique, représentent une forme de révolte contre les inégalités sans cesse accrues, la face grimaçante d'une lutte de classes globalisée qu'il faut encore apprendre à

---

1. Oxfam, 2017 ; voir aussi Nederveen Pieterse, 2002.

Préambule

comprendre dans ses dimensions sociologiques et politiques. Plus que comme un pays détruit par un conflit interminable, l'Afghanistan apparaît dès lors comme l'un des lieux où l'opposition au modèle normatif de la vie sociale et de l'organisation politique promu par les Nations unies, qui s'avèrent incapables de réellement niveler les disparités, a trouvé son expression la plus exacerbée. À ce titre, il peut être appréhendé comme un laboratoire de la globalisation, un lien où le projet hégémonique global s'est enlisé.

Fernand Braudel considérait qu'on restait à la superficie de l'histoire en se penchant sur les événements, les grandes batailles, la biographie des rois. Il insistait par contraste sur l'importance du fait divers et de la routine pour retracer les changements de structure dans la longue durée. La mobilité – plus que l'analyse politique du conflit – s'est ainsi imposée à moi comme clé de lecture privilégiée pour explorer les multiples réalités qui se tissent en et autour de l'Afghanistan. Tous les chapitres qui suivent sont construits autour de petites vignettes ethnographiques. Par touches impressionnistes, en racontant des scènes de vie observées parmi les villageois du Hazarajat ou au cours d'une soirée entre expatriés à Kaboul, j'évoque des lieux et des personnes, je brosse des atmosphères pour faire voir, entendre et sentir le quotidien des gens que j'ai rencontrés au cours de deux décennies de travail empirique. Certains portent un turban, d'autres une cravate ; certains brandissent un lance-roquettes, d'autres un classeur rempli de récépissés...

Me refusant à toute tentation d'exotisme, à tout jugement de valeur, je les considère comme des interlocuteurs également légitimes pour reconstituer les logiques sociales et politiques pluriterritorialisées qui m'intéressent, les itinérances croisées. La fidélité dans les relations établies et l'émotion sont un outil méthodologique, une procédure de découverte par laquelle on rend significatifs des petits faits glanés presque au hasard, ces petits faits qui font l'existence des êtres humains, qu'ils soient afghans, français ou persans. Mon but est de faire apparaître l'une des richesses de la sensibilité ethnographique par rapport à une approche normative qui pose de façon abstraite ce que devraient être la société et l'État. Le présent travail a ainsi l'ambition de jeter un regard décalé sur la société afghane, perçue dans sa dimension transnationale, tout en proposant un mouvement réflexif sur la pratique même de l'ethnographie et la manière d'en rendre compte par l'écriture.

CHAPITRE 1

Reconstruire l'Afghanistan : contre-insurrection et imaginaire colonial

> « *Nous allons nous inspirer de la stratégie de contre-insurrection qui a fonctionné en Irak !* »
>
> Un haut gradé américain, Kaboul

À l'été 2004, je profite de mon passage par Ghazni pour visiter la base opérationnelle avancée (Forward Operating Base, ou *FOB*) de l'armée américaine qui se trouve dans la steppe bordant la ville, à quelque 2 200 mètres d'altitude. Conduit par un *mujâhed* lié à un commandant hazara que j'ai rencontré plusieurs années auparavant, je me présente à l'entrée, sans rendez-vous. Je descends de voiture et suis accueilli par deux miliciens afghans. Amusés par mon *perahân-o-tonbân* – le pantalon large et la chemise à longs pans portés en Afghanistan – et ma manière de parler persan, ils me laissent passer après une brève explication. Ils connaissent mon guide, qui leur offre des cigarettes alors que je m'avance seul entre deux rangées de barbelés.

Après plusieurs dizaines de mètres, j'arrive à une casemate où deux soldats américains me considèrent avec incrédulité. Qui suis-je ? Qu'est-ce que je viens faire ? Je leur explique laborieusement que je suis un chercheur basé en Europe ayant déjà une longue expérience en Afghanistan, que je m'intéresse aux questions d'aide humanitaire et de développement et serais heureux de pouvoir rencontrer un responsable de l'équipe de reconstruction provinciale (Provincial Reconstruction Team, ou PRT) de Ghazni, l'une des vingt-cinq unités civilo-militaire fournissant des services à la population dans les régions du pays marquées par un niveau d'insécurité élevé.

Les jeunes militaires se détendent un peu après m'avoir fouillé et avoir contrôlé mon passeport. Ils annoncent ma venue. En attendant que l'on vienne me chercher, nous engageons la conversation. L'un est originaire de l'Iowa, l'autre du Missouri. Je leur donne vingt ans à peine.

« C'est la première fois que je quitte les États-Unis », m'avoue le premier. Avec une candeur qui me fait sourire, le second me dit qu'il rêverait de pouvoir faire des études d'anthropologie et ainsi se familiariser avec d'autres modes de vie. Ils confessent être effrayés par le monde inconnu qui les entoure ; ils souffrent de leur vie recluse et ne comprennent pas l'hostilité de la population afghane qu'ils perçoivent à leur égard : « Ne sommes-nous pas ici pour les aider ? »

Nous papotons ainsi pendant plus d'un quart d'heure. Ils rappellent leur supérieur en donnant plus de détails sur mon identité. On leur répond de me laisser entrer, quelqu'un m'attendra à l'intérieur. Je

Reconstruire l'Afghanistan...

reprends donc ma route et chemine cette fois entre des empilements de bastions Hesco. J'arrive à l'intérieur de la base. Personne ne semble m'attendre. J'avance, indécis. Des hommes en uniforme s'activent autour de moi sans me prêter la moindre attention. Je m'adresse, embarrassé, à un officier qui passe devant moi : « J'ai rendez-vous avec un responsable de la PRT, pouvez-vous m'indiquer où je dois me rendre ? »

Il me répond avec flegme que je me trouve dans le secteur des troupes combattantes et qu'il me faut revenir sur mes pas et tourner à droite. Je me serais attendu à des règles de sécurité plus strictes.

J'identifie finalement le sous-officier de la PRT locale, un imposant Afro-Américain, qui a été informé de ma présence. Il me fait entrer dans une baraque climatisée et m'offre un verre d'eau fraîche. Mais il se montre suspicieux et ne répond que de façon laconique à mes questions. Il est sur ses gardes, conscient que si les équipes de reconstruction provinciales sont justifiées par sa hiérarchie pour leur capacité à atteindre des villages inaccessibles à la plupart des ONG et ainsi « gagner les cœurs et les esprits » (*winning hearts and minds*) des Afghans, selon la formule consacrée, elles sont fortement critiquées par les milieux humanitaires pour le mélange des genres entre les activités de reconstruction et de contre-insurrection. La conversation ne mène nulle part et je prends rapidement congé, néanmoins intrigué par cette petite ouverture sur la vie des militaires étrangers en Afghanistan.

Plusieurs années plus tard, en janvier 2011, j'ai une expérience bien différente des forces armées étasuniennes. Je me retrouve presque par hasard dans la demeure du directeur français d'une organisation non gouvernementale qui vit dans le quartier de Kulula Pushta à Kaboul. Je participe à une soirée à laquelle prennent part le représentant spécial adjoint du secrétaire général des Nations unies en Afghanistan et un haut gradé américain. Ce dernier est le bras droit du général Petraeus, alors commandant de la Force internationale d'assistance à la sécurité (International Security Assistance Force, ou ISAF), qui conduit sous l'égide de l'Otan des opérations militaires visant à étendre l'influence du gouvernement afghan sur l'ensemble du territoire national pour faciliter la reconstruction du pays. Héros de la guerre en Irak, il est plus particulièrement responsable de l'entité de lutte contre la corruption et le trafic de drogue (Combined Joint Inter-Agency Task Force, CJIATF-Shafafiyat). Des véhicules blindés légers font irruption et bloquent tout accès à la rue. Le haut gradé, son aide de camp et plusieurs hommes lourdement armés en descendent prestement. Tous sont en civil, y compris les gardes du corps, qui arborent en outre barbe et lunettes noires. Je m'interroge sur la légalité d'un tel procédé. Peut-être sont-ils employés par une compagnie privée de sécurité contractée par les forces armées américaines ? En tous les cas, les rumeurs concernant ces combattants de l'ombre vont bon train à Kaboul et contribuent à la défiance grandissante qui entoure les troupes étrangères. Les insurgés qui résistent à l'autorité étatique ne sont pas les seuls à se moquer de la différence entre militaires et civils. L'armée américaine s'appuie sur des forces aux contours parfois mal définis, composées de combattants recrutés en Afghanistan comme au Népal ou en Europe orientale.

Les autres convives incluent le responsable du Service d'aide humanitaire et de protection civile de la Commission européenne (ECHO), un Français, et un analyste politique travaillant pour la Mission d'assistance des Nations unies en Afghanistan (MANUA ou UNAMA, selon l'acronyme anglais), un Allemand. Tous deux sont encore jeunes mais ont déjà une longue expérience du pays. Un jeune Afghan qu'on me présente comme lié à la famille royale et qui occupe un emploi dans l'Organisation centrale des statistiques est également présent.

Pour résumer, huit personnes composent le tableau : le vice-directeur et un analyste politique d'UNAMA ; l'officier supérieur américain et son aide de camp ; le responsable d'ECHO ; le directeur d'une ONG (le maître de maison) ; un chercheur rattaché à une institution académique suisse ; un fonctionnaire afghan. À part ce dernier, tous ont bourlingué dans de nombreuses régions du globe, menant une vie professionnelle itinérante, entrecoupée de retours dans leurs pays d'origine. Il s'agit d'un panachage assez représentatif des soirées d'expatriés (selon le terme consacré pour désigner les experts civils étrangers travaillant dans le domaine de l'action humanitaire ou le développement) à Kaboul.

Réminiscence de mes lectures d'étudiants, la théorie de la trifonctionnalité proposée par Georges Dumézil me vient à l'esprit : les figures du prêtre, du guerrier et du producteur ne trouvent-elles pas une résurgence dans celles du fonctionnaire onusien – mais aussi de l'universitaire –, qui promeut un contrat social fondé sur le droit et la justice, du militaire, qui défend le peuple contre ses ennemis, et de l'humanitaire, qui s'assure de la prospérité du plus grand nombre ? Je m'amuse en pensée à faire un pas de plus : en dernier vient le *shudra*, le « serviteur », l'Afghan censé acquis aux valeurs de la modernité, dont la présence ancillaire rassure les Occidentaux sur leur capacité à rencontrer les locaux et prendre en considération leur point de vue.

Nous nous trouvons dans une belle maison construite dans la première moitié du XXe siècle par une famille de la bourgeoisie de Kaboul. Les propriétaires résident en Europe et y perçoivent directement le loyer, me souffle d'ailleurs notre hôte. Le jardin est agrémenté par une pergola et une petite serre, témoignages fragiles d'un monde d'avant-guerre et qui contrastent avec les immeubles avoisinants, construits à la va-vite après 2001. Le décor interne est représentatif de ce que l'on trouve chez beaucoup d'expatriés, avec son assortiment d'artisanat afghan : tapis noués et tissés du Turkestan, chaises basses et petits coffres en bois du Nouristan, verre bleu de Hérat, aiguière et bassine en étain…

Nous nous installons en cercle autour du poêle à bois et nous présentons. La discussion est vite dominée par le haut fonctionnaire des Nations unies et le général américain. Arrivé depuis six mois en Afghanistan, ce dernier déclare avec autorité : « Nous allons nous inspirer de la stratégie de contre-insurrection qui a fonctionné en Irak. »

Il raconte comment il est parvenu à pacifier une ville du nord du pays en développant la confiance de la population locale. Il prend comme modèle l'« Éveil de l'Anbar » (*Anbar Awakening*), au cours duquel de nombreuses tribus arabes sunnites de l'ouest de l'Irak se sont coalisées en 2006 contre Al-Qaida. Il considère que cela peut être reproduit avec les tribus pachtounes du sud et de l'est de l'Afghanistan, qui pourraient se retourner contre les talibans. L'officier s'exprime avec précision, sans vantardise. Auteur d'un ouvrage où il tire les leçons du fiasco de la guerre du Vietnam, il ne doute pas que l'on peut apprendre des erreurs commises dans le passé pour éviter qu'elles se répètent et que les solutions militaires peuvent être transposées d'un théâtre d'opérations à l'autre[1].

J'engage la conversation avec son adjoint, un fringant lieutenant-colonel, qui comme son supérieur est diplômé de l'Académie militaire de West Point et titulaire d'un doctorat d'une grande université américaine. Il sort un petit calepin et commence à me poser des questions sur mon travail. Il s'intéresse plus particulièrement à des thèmes touchant l'autorité religieuse en islam et les mécanismes de corruption. Malgré moi, je suis intimidé par ce jeune homme dont l'esprit semble balisé par des certitudes et des protocoles visant à des résultats mesurables. Je parle de la corruption comme d'un fait social et non comme d'une simple maladie que l'on pourrait extirper de l'État et de la société, comme d'un phénomène transversal qui concerne tout autant les milieux humanitaires que l'administration afghane. Visiblement, mon discours

---

1. Solution toute temporaire, d'ailleurs : quelques années plus tard, l'Anbar passera en grande partie sous le contrôle de l'État islamique.

l'ennuie ; il ne prend pas de notes et jette des regards répétés vers son supérieur, engagé maintenant dans une critique des compromissions supposées du CICR avec les talibans. J'ai l'impression de passer un examen, je bafouille tout en cherchant désespérément à trouver des éléments qui puissent retenir l'attention de mon interlocuteur et démontrer la pertinence du regard anthropologique. En vain ! Nos perspectives sont incompatibles. Il attend de l'ethnographe que je suis une connaissance fine et opérationnalisable du local, alors que je lui renvoie – maladroitement – une mise en doute des catégories de pensée et d'action qu'il utilise.

Sa perception des sciences sociales et de leur utilité est directement inspirée par le Système de terrain humain (Human Terrain System, ou HTS), qui a été développé par l'armée américaine dans les années qui ont suivi son intervention en Afghanistan (2001) et en Irak (2003). Dans le but de ménager une meilleure compréhension de l'organisation sociale locale et d'améliorer ainsi l'efficacité de l'action militaire, des chercheurs en sciences sociales ont été déployés avec des unités de l'armée. Par leurs connaissances du milieu social et culturel, les anthropologues sont plus particulièrement recherchés, non pour questionner le paradigme de l'intervention, mais pour apporter la sensibilité nécessaire pour comprendre les attentes des populations locales et ainsi contrecarrer leur soutien à la résistance. Ils sont censés être tout à la fois les courtiers du message de la contre-insurrection auprès des villageois afghans et les conseillers culturels des soldats américains sur le terrain en leur transmettant les connaissances de base sur la répartition ethnique et linguistique, les structures tribales, les problèmes d'irrigation ou encore les bonnes manières.

Cette initiative a suscité la réaction du Conseil exécutif de l'American Anthropological Association (AAA), qui a publié une déclaration en octobre 2007 et un rapport final deux ans plus tard faisant part de préoccupations éthiques profondes et affirmant que les anthropologues collaborant avec le HTS n'étaient pas en position de respecter les normes prévues par le Code de déontologie de l'Association. D'une part, leur démarche est jugée incompatible avec le principe fondamental de ne pas nuire aux gens qu'ils étudient, puisque les informations recueillies sont utilisées pour mener la contre-insurrection. D'autre part, leurs activités sont considérées comme violant leur responsabilité envers le monde académique. En brouillant recherche et opération militaire, en provoquant une confusion des genres dans les perceptions des populations locales, il a été estimé que les « anthropologues embarqués » (*embedded anthropologists*) compromettaient la sécurité des autres chercheurs en sciences sociales. En dehors de cette condamnation fondée sur des principes éthiques, d'autres observateurs liés à la communauté humanitaire ont adopté une attitude plus pragmatique. Ils considèrent que le HTS n'a été efficace, ni pour collecter des données utiles pour les militaires, ni pour gagner les cœurs et les esprits de la population afghane. En fin de compte, la contribution du HTS à la contre-insurrection et à l'effort de paix n'aurait pas été établie de façon convaincante.

Toutefois, malgré les critiques de l'AAA et la condamnation de la grande majorité des personnes occupant des postes universitaires, les sciences sociales font partie de l'appareillage militaire. La mission des forces armées étrangères en Afghanistan ne s'est en effet pas limitée à combattre la résistance, mais a également inclus l'objectif explicite de promouvoir l'aide à la reconstruction pour obtenir le soutien des populations locales et isoler ainsi les groupes étiquetés comme insurgés. Les équipes provinciales de reconstruction, loin d'être un accessoire mineur de l'opération militaire, ont été au cœur du dispositif. L'armée américaine s'est ainsi dotée d'un programme pour financer ses opérations de stabilisation et ses projets de développement en Irak et en Afghanistan, le Commander's Emergency Response Program (CERP). Son budget pour l'Afghanistan a bondi de façon spectaculaire de 40 millions de dollars en 2004 à environ un milliard de dollars en 2010. Selon le *Costs of War Project*[1], affilié au Watson Institute for International Studies (Brown University, Providence), l'engagement militaire en Irak, Afghanistan et Pakistan après les attentats du 11 septembre 2001 aurait coûté jusqu'en août 2016 près de 4 800 milliards de dollars au budget fédéral américain. Dans l'ensemble, soixante pour cent des fonds de reconstruction américains pour l'Afghanistan ont été alloués par l'intermédiaire du Département de la Défense, par rapport à un modeste dix-huit pour cent qui sont passés par l'USAID (l'agence du gouvernement des États-Unis chargée des questions de

---

1. http://costsofwar.org

Reconstruire l'Afghanistan...

développement et d'assistance humanitaire), le reste ayant été géré par le Département d'État et d'autres organismes publics[1].

En bref, la mission des troupes américaines ne se limite pas à combattre l'opposition armée au gouvernement central de Kaboul. Les militaires sont l'un des acteurs les plus importants de la reconstruction de l'Afghanistan et leurs opérations empiètent de plus en plus l'espace traditionnel des organismes bilatéraux de développement des principaux pays donateurs quand elles n'entrent pas en concurrence avec eux. C'est dans un tel contexte qu'il faut resituer les attentes du lieutenant-colonel américain à l'égard de l'ethnographe que je suis : ayant passé de longues périodes dans les villages afghans, parlant la langue locale, je suis une source potentiellement intéressante d'informations. Il n'attend pas de moi une réflexion critique sur le paradigme même de l'action.

Le procédé n'est d'ailleurs pas nouveau et seuls des universitaires et des travailleurs humanitaires jouant les mijaurées peuvent feindre d'ignorer la longue histoire de collusion entre les intérêts des militaires et l'effort de documenter la vie des populations locales. Au XIXe siècle, l'Afghanistan est déjà au cœur de l'imaginaire colonial. Savants, diplomates, agents politiques, aventuriers et voyageurs participent à la politique du pays, déjà tumultueuse[2]. Les *gazetteers* britanniques[3], couvrent de façon systématique l'organisation sociale,

---

1. Johnson, Ramachandran & Walz, 2011, p. 7 et 9.
2. Burnes, 1986 ; Elphinstone, 1992 ; Masson, 1997 ; pour ne citer que quelques-uns.
3. Recompilés par Adamec, 1972-1985.

les structures tribales, les alliances militaires et les activités économiques. Ces documents restent des sources irremplaçables d'information. Leurs auteurs étaient des acteurs du Grand Jeu, selon l'expression consacrée pour désigner la rivalité entre les empires russe et britannique, et donc profondément impliqués dans l'entreprise coloniale. Sans surprise, curiosité et connaissance allaient de pair avec expansion territoriale et volonté de contrôle.

Les *gazetteers* reflètent d'ailleurs une expérience directe de la région mais aussi une érudition remarquable. Le niveau d'immersion culturelle et les compétences linguistiques de leurs auteurs sont souvent nettement plus profonds que ceux des chercheurs qui ont étudié la région dans les années ultérieures. J'ai entendu d'ailleurs à plusieurs reprises des interlocuteurs afghans me dire que si les Britanniques avaient perdu la prééminence militaire au profit des Américains, ils restaient le cerveau pensant de la coalition internationale.

Olaf Caroe, un serviteur éminent et dévoué du Raj britannique, offre ainsi un exemple illustratif des discours orientalistes quand il compare deux tribus situées sur ce qui est aujourd'hui la frontière afghano-pakistanaise :

> Le mieux que je puisse faire est d'assimiler le Mahsud à un loup, le Wazir à une panthère. Les deux sont des créatures magnifiques ; la panthère est plus sournoise, plus élancée et possède plus de grâce, la meute de loups est plus déterminée, plus unie et plus dangereuse[1].

1. Caroe, 1990, p. 393, trad. personnelle.

Reconstruire l'Afghanistan...

Il parle d'êtres humains comme s'ils étaient des animaux sauvages, combinant fascination, naturalisation, et même érotisation, avec une préoccupation sous-jacente pour le contrôle et la surveillance.

Ces lignes semblent provenir d'un temps révolu... et pourtant elles trouvent un écho aujourd'hui dans de nombreuses publications à succès. Une littérature en plein essor jette un regard impénitent sur le passé colonial et impérialiste de l'Europe et de l'Amérique du Nord. Dans un article intitulé de façon explicite « Let's Be Honest: We Need to Impose our Imperial Rule on Afghanistan », publié le 17 octobre 2001 – aux premiers jours de l'offensive anglo-américaine en Afghanistan – dans *The Independent*, l'écrivain et essayiste britannique Philip Hensher, considère ainsi qu'une solution radicale à la crise afghane serait de réhabiliter l'impérialisme des jours anciens[1]. Selon lui, il ne fait aucun doute que la domination coloniale a amélioré le sort des populations de l'Inde. La supériorité morale des colonisateurs s'est d'ailleurs toujours accompagnée de la volonté de comprendre les cultures autres. Par contraste, la situation chaotique en Afghanistan résulte du fait que le pays a conservé son indépendance face à l'empire britannique et n'a de ce fait pas pu expérimenter les vertus de la démocratie parlementaire. Il tourne en dérision les professeurs de littérature postcoloniale qui ne peuvent entendre un tel discours. Convaincu que la population afghane

---

1. Pour une voix venue au même moment d'outre-Atlantique pour réaffirmer la nécessaire suprématie des États-Unis, voir Max Boot, 2001.

vivrait mieux sous une administration coloniale que sous le régime des talibans et considérant qu'il n'y a aucun interlocuteur politique crédible en Afghanistan, il ose le mot et préconise la désignation d'un vice-roi. Provocation d'un intellectuel à la mode ? J'ai pourtant entendu dans les couloirs du Palais des Nations à Genève comme dans ceux de grandes universités américaines des gens très sérieux dire qu'il faudrait suspendre la souveraineté de l'État afghan et placer ce dernier sous la responsabilité du Conseil de tutelle de l'Onu, l'un des principaux organes de l'organisation, dormant depuis le début des années 1990.

Bien qu'il existe plusieurs analyses approfondies des développements politiques depuis les années 1980[1], la littérature portant sur l'insurrection, la consolidation de la paix et la reconstruction postconflit a été dominée par des intérêts politiques à court terme. Elle oscille entre une résurgence de la théorie de la modernisation et une valorisation naïve de la vie locale, entre une vision centrée sur l'État et une idéalisation de la démocratie participative. Les clés de lecture en termes d'ethnicité et de tribalisme ont également connu un renouveau important. Les principales parties prenantes dans la gouvernance du pays ont ainsi adopté une interprétation ethnique et tribale de la société afghane et donc du conflit, avec le risque de réifier les identités et de confondre appartenance tribale avec affiliation politique.

Pour une illustration de cette tendance, qui se lit comme une caricature, il suffit de regarder le site du

---

1. Dorronsoro, 2000 ; Giustozzi, 2000, 2007, 2009, éd. 2009 ; Maley, 2002 ; Rashid, 2002 ; Roy, 1985 ; Rubin, 1995.

Programme pour l'étude des conflits et des cultures de la Haute École navale de Monterey en Californie (abréviation : CSS)[1]. Se référant explicitement aux *gazetteers* de la période coloniale, ce programme de formation destiné aux officiers d'active de toutes les branches des forces armées américaines se fonde sur la conviction que comprendre les cultures et les sociétés du monde permet d'agir plus efficacement au niveau militaire. Comme lors de mon échange avec l'aide de camp du général américain à Kaboul, on attend du regard anthropologique des informations détaillées sur l'organisation sociale locale – que ce soit en Irak ou en Afghanistan –, et non une réflexion critique sur les formes de connaissance et d'action sous-jacentes à l'architecture des relations internationales. Le CSS est ainsi dédié à l'analyse des données anthropologiques, ethnographiques, sociales, politiques et économiques dans le but de renseigner les personnes qui prennent des décisions stratégiques et opérationnelles.

Une grande partie des informations disponibles sur le site public consiste en des généalogies et des cartes ethniques ou tribales. Les groupes sociaux sont conçus comme des petits États-nation qui peuvent être cartographiés en territoires disjoints ; les appartenances tribales et ethniques déterminent les alliances politiques. Les chercheurs de cette école militaire ne se réfèrent pas aux travaux qui montrent que la mobili-

---

[1]. Program for Culture and Conflict Studies of the Naval Postgraduate School, Monterey: www.nps.edu/Programs/CCS/index.html. En janvier 2015, le site proposait des cartes tribales précises quoique largement déconnectées des réalités du terrain. Il a été remanié depuis sans que l'approche conceptuelle soit reconsidérée.

sation politique sur des bases ethniques est une conséquence plutôt qu'une cause du conflit[1]. Je n'ai jamais eu l'impression que les patrilignages, les tribus ou les groupes ethniques en Afghanistan devaient être conçus comme des acteurs collectifs qui œuvraient de façon consistante pour atteindre un but politique. Il m'a semblé au contraire que les jeux d'alliance visaient à diversifier les liens politiques afin de s'assurer de toujours avoir des parents (affins ou alliés) du côté des gagnants. Dans un environnement imprévisible et incertain, les individus forgent des alliances temporaires dans leurs efforts pour capter des ressources et les dissolvent pour s'adapter à des conditions sociales, politiques et économiques sans cesse changeantes.

Plus que les divisions ethniques, le fossé entre ville et campagne m'a toujours frappé dans le discours et les pratiques concrètes des Afghans que j'ai pu rencontrer au cours de mes recherches. Le mouvement des talibans reflète à mes yeux les profondes transformations dans l'organisation de la société pachtoune du sud de l'Afghanistan : disparition des élites rurales liées au régime monarchique ; émergence d'une nouvelle classe de militants, souvent issus de milieux modestes, qui légitiment leur ascension sociale au nom de l'islam. Les Soviétiques dans les années quatre-vingt comme la coalisation internationale depuis 2001 se sont efforcés de protéger les villes, vues comme les points de départ du progrès, et de soumettre la campagne, zone de repli

---

1. Schetter, 2003, 2005 ; Harpviken, 1996 ; et Tapper, 2008, qui décrit comment l'auto-désignation chez les nomades en Afghanistan a évolué en contact avec les OI et les ONG.

de tous les archaïsmes sociaux. Les moudjahidines d'abord, les talibans ensuite ont inversé ce regard : le monde citadin a été souillé par la présence étrangère, il devient l'objet d'une répression à la fois vindicative et rédemptrice.

Ces visions dichotomiques se renvoient dos à dos. D'un côté, la littérature néo-impériale d'auteurs tels que Hensher ou Boot, qui réaffirment les vertus du colonialisme et de l'impérialisme ; de l'autre, les militants qui se réclament de l'islam pour rejeter violemment toute ingérence extérieure. Les uns conçoivent l'Afghanistan comme un lieu à éduquer qui a longtemps échappé au temps de l'histoire, les autres comme un site de résistance dont la pureté morale est menacée et doit être préservée, quitte à devoir recourir à la violence.

Mais ne faut-il pas échapper à cette aporie et concevoir le pays comme un lieu où les forces globales se sont déchaînées ? Bien que l'isolement diplomatique de l'Afghanistan à la fin du XIXe et au début du XXe siècle a été en grande partie le résultat de la politique britannique, la littérature coloniale a contribué à construire le lieu commun d'un peuple indomptable et échappant à tout pouvoir centralisé, qui reste influent jusqu'aujourd'hui. En effet, l'image d'un pays replié sur lui-même, isolé, où le changement ne peut être induit que de l'extérieur, en soutenant les élites nationales, continue d'imprégner de nombreux rapports et même des ouvrages savants.

Dans la plupart des publications journalistiques, mais aussi dans de nombreux textes académiques, l'Afghanistan incarne la résistance historique contre les puissances extérieures, le « cimetière des empires », selon une expression célèbre utilisée encore récemment comme titre d'un ouvrage écrit par un expert de la RAND Corporation, un *think tank* américain proche des milieux militaires[1]. Ce point de vue a été critiqué de façon convaincante. Thomas Barfield[2] a ainsi démontré que le territoire qui constitue aujourd'hui l'Afghanistan a été l'« autoroute des conquêtes » jusqu'au milieu du XIXe siècle, quand l'Afghanistan moderne a vu le jour comme État tampon entre les empires britannique et russe. Ce n'est qu'à ce moment-là que le nom même du pays a été définitivement fixé et son territoire actuel défini[3].

Nombreux sont les historiens et les anthropologues qui ont démontré que l'image de l'Afghanistan comme intellectuellement et économiquement isolé est fallacieuse. La région frontalière avec le Pakistan, en particulier, ne doit pas être présentée comme une enclave de violence et d'anarchie. Elle est et a été un espace ouvert sur le monde extérieur, habité par des populations qui n'ont cessé de circuler pour des raisons politiques ou économiques[4]. L'Afghanistan n'était pas à l'abri de l'influence britannique au cours du XIXe siècle, en dépit des aventures militaires largement indécises des deux guerres anglo-afghane de 1839-1842 et de 1878-1880. Pendant son règne (1880-1901), Abdur Rahman a réussi à briser la résistance interne et à construire un État relativement fort

1. Jones, 2009.
2. Barfield, 2004, 2010.
3. Noelle, 1997 ; Hanifi, 2011.
4. Marsden & Hopkins, 2011 ; Nichols, 2008.

grâce à des subventions étrangères et, plus généralement, à l'intégration du pays dans les marchés coloniaux en périphérie du capitalisme mondial moderne[1]. Après son indépendance diplomatique complète avec la troisième guerre anglo-afghane (1919), l'Afghanistan, loin d'être une nouvelle fois isolé, a constitué une sphère transnationale unique avec les régions limitrophes et a été en contact constant avec le développement du modernisme musulman en Inde. En outre, pays indépendant échappant à l'emprise européenne, il a pu représenter un modèle de résistance qui a refait surface plusieurs décennies plus tard pour beaucoup de musulmans engagés dans des luttes anticoloniales dans toute l'Asie du Sud et le Moyen-Orient[2].

L'Afghanistan a représenté une priorité stratégique pour les puissances occidentales dans les années 1980, lorsque son territoire était occupé par l'Armée rouge. Avec la chute de l'Union soviétique et la fin de la guerre froide, le pays a perdu de son importance et a été abandonné à ses querelles intestines. Mais les attentats de septembre 2001 à New York et Washington l'ont brusquement replacé sur la scène internationale. Comme l'a démontré Mark Duffield[3], promouvoir stabilité, développement et démocratie devient alors un impératif de sécurité internationale.

L'Afghanistan et les Afghans ont ainsi connu un bien curieux destin en Occident. Alors que dans les années 1990, les médias louaient l'héroïsme d'une

---

1. Hanifi, 2008, 2011.
2. Voir les travaux de Nile Green, par exemple 2008 et 2011.
3. Duffield, 2001.

population qui résistait à l'envahisseur soviétique en payant le prix fort, l'image s'est graduellement détériorée au cours des années 1990, époque où le traitement que les talibans imposaient aux femmes soulevait l'indignation du public. Ces deux visions opposées ont laissé la place depuis 2001 à l'idée que le salut du pays ne peut venir que de l'extérieur et passe par la mise en place d'un État central fort. Au-delà de ces ruptures, hier comme aujourd'hui, la volonté de contrôler et celle de comprendre sont allées de pair. Aux *gazetteers* du XIXe siècle succède la littérature grise produite dans le cadre de l'effort de reconstruction post-2001. L'imaginaire humanitaire entre en résonance avec l'imaginaire colonial, celui d'un Afghanistan, terre d'insoumission, foyer de instabilité, à discipliner et à faire entrer dans le concert des nations.

CHAPITRE 2

L'État dans tous ses états : les élections et la démocratisation

> « *Les élections vont apporter une impulsion salutaire, elles vont déclencher une série de changements profonds dans la société afghane.* »
>
> Le représentant spécial adjoint du secrétaire général des Nations unies en Afghanistan

Début octobre 2004. Dans quelques jours vont se dérouler les premières élections présidentielles qu'a connues l'Afghanistan au cours de son histoire. Je rencontre le représentant spécial adjoint du secrétaire général des Nations unies chargé des affaires politiques en Afghanistan, le numéro deux de la Mission d'assistance de l'ONU en Afghanistan (surtout connue par l'acronyme anglais UNAMA). J'entre dans la zone verte de Kaboul, le secteur hyper-sécurisé où se trouvent le palais présidentiel et les sièges des agences onusiennes. Les périmètres des bâtiments sont protégés par des alignements de bastions Hesco. C'est le royaume des Humvees et des hommes en uniforme kaki, vert ou gris qui s'activent devant les corps de garde.

Je me présente au camp B des Nations unies. Après avoir été fouillé avec politesse et avoir rempli le formulaire d'entrée, je suis conduit à travers une série de cours intérieures puis de longs couloirs jusqu'à mon hôte. Nous avons des amis communs et il se montre jovial. Passant constamment du persan à l'anglais ou au français, je peine dans un premier temps à me remettre à l'italien, langue dans laquelle se déroule la conversation. Homme de belle prestance, charismatique, éloquent, ce dignitaire international a accumulé une longue expérience des situations de conflit et ne peut être soupçonné de naïveté. Il incarne une instance particulière de l'*homo itinerans* : l'expatrié de haut niveau qui se déplace au gré des crises d'un coin à l'autre de la terre. À l'image de son complet clair, il s'affirme optimiste par devoir moral plus que par une analyse de la situation politique. Il est programmé, et payé, pour croire au changement – en d'autres temps, on aurait dit au progrès – et pour le promouvoir. L'Afghanistan a selon lui besoin d'un traitement de choc. Les élections vont marquer à la fois le moment symbolique et institutionnel de ce nouveau départ pour la société et l'État.

Son discours est ponctué par une mise en opposition entre l'Afghanistan ancien et l'Afghanistan nouveau. Il classe dès lors tous les acteurs politiques dans cette grille, avec une petite nuance : il est possible de travailler avec certains représentants du désordre ancien, alors que d'autres doivent impérativement être écartés. Il apparaît vite que les artisans de l'ordre nouveau sont tous dans son esprit des personnes qui ont séjourné longuement à l'étranger et s'expriment sans effort en anglais. Tout au sommet de sa hiérarchie se situe le ministre des Finances, Ashraf Ghani, docteur en anthropologie de l'Université Columbia de New York, enseignant à l'Université Johns Hopkins de Baltimore puis expert à la Banque mondiale, futur président de la République d'Afghanistan.

Mon interlocuteur développe avec rigueur sa vision volontariste du changement social et politique, qui passe par l'implication des élites et le renforcement de l'État central. Je l'écoute en me demandant quelle contribution je pourrais apporter à ce débat avec mon expérience de la vie des villageois et des migrants afghans. Comment pourrais-je faire entendre la voix de ces laissés-pour-compte ? Quelle est ma légitimité pour y prétendre ? Est-ce mon rôle ? À quoi et à qui peut bien servir le regard anthropologique ? Heureusement, mon interlocuteur ne s'attarde pas à solliciter mon avis : « Les élections vont apporter une impulsion salutaire, elles vont déclencher une série de transformations profondes de la société afghane. »

Je le quitte, légèrement étourdi par son soliloque. Comme personne ne m'accompagne le long du dédale de couloirs et de cours par lequel je suis entré il y a un peu plus d'une heure, j'en profite pour sortir mon appareil et prendre quelques photographies de l'imposant parc à véhicules de l'UNAMA. Mes pensées me portent en Inde, dont l'ambassade se trouve non loin, vers Ranajit Guha, Gayatri Chakravorty Spivak ou Dipesh Chakrabarty, les promoteurs des « études subalternes » qui se sont intéressés aux franges sociales défavorisées comme agents du changement social et politique plutôt qu'aux élites. Ont-ils une alternative à proposer à cette projection hégémonique, à cette vision téléologique de l'histoire humaine ? Comment expliquer que leurs voix restent sans écho auprès de l'establishment humanitaire et développementaliste ?

Après avoir été repoussées à deux reprises, les élections présidentielles se tiennent finalement le 9 octobre 2004. Hamid Karzaï, le président de l'Administration intérimaire mise en place par la communauté internationale après la chute du régime des talibans en décembre 2001, est largement favori. Son concurrent le plus sérieux, Yonus Qanuni, est un proche du feu commandant Massoud.

Le jour historique venu, je quitte tôt mon logement, dans le quartier de Khushal Khan Khana. À pied, je déambule dans les rues de la capitale afghane. La circulation est drastiquement limitée. La foule, surtout des hommes, se répartit en petites grappes. L'ambiance est festive, malgré les menaces d'attentats. Les insurgés talibans sont opposés au processus démocratique, qu'ils accusent d'être une importation soutenue à bout de bras par les occupants étrangers, et ont annoncé leur volonté de perturber la tenue des élections. Je me dirige vers le bureau de vote le plus proche, installé dans une école. Des policiers en gardent les abords. Ils sont armés de kalachnikovs ; plusieurs portent un équipement anti-émeute, casques à visière et boucliers en polycarbonate transparent. Ils se laissent approcher avec bonhommie. J'engage donc la conversation. Ils posent avec fierté devant le panneau de l'Agence

Japonaise de Coopération Internationale, qui soutient l'établissement scolaire, pour que je les photographie. Je m'enhardis :

« Est-ce que je peux pénétrer dans la cour et aller regarder ce qui se passe dans le local électoral ?

– Bien sûr, tu es notre invité », me répond le plus haut gradé.

Il envoie l'un de ses collègues, qui revient après quelques minutes me dire que ce ne sera malheureusement pas possible pour des raisons de sécurité. Le contraire m'aurait étonné, mais la décontraction semble de mise. Nous sommes loin de l'atmosphère caparaçonnée de la zone verte. Les électeurs masculins, parfaitement disciplinés, font la file le long du mur d'enceinte de l'école. Les femmes arrivent par petits groupes, parfois accompagnées d'enfants. On les fait entrer sans attendre. Les gens me parlent spontanément. Ils me prennent pour un journaliste étranger et sont ravis de pouvoir me parler en dari. Un homme dans la force de l'âge, s'exprimant avec un accent pachto prononcé, m'interpelle avec jovialité : « *Melal-e Motahed* [les Nations unies] veulent Karzaï ? Nous allons le leur donner. Mais nous voulons des résultats ».

Malgré les soupçons d'irrégularités, le président intérimaire remporte le scrutin dès le premier tour avec plus de 55 % des voix. Si quelques observateurs étrangers parlent des fraudes qui ont entaché les élections, celles-ci sont généralement saluées comme un succès. Personnellement, ce qui me frappe le plus est l'euphorie entourant le processus lui-même. N'ai-je pas entendu à de nombreuses reprises dans la foule kabouliote, des énoncés du type : « C'est la première fois qu'on nous demande notre avis ! »

Toutefois, je ne perçois pas de réel enthousiasme envers le vainqueur, Hamid Karzaï. Personne parmi mes interlocuteurs ne voit en lui l'homme providentiel qui va établir l'ordre en Afghanistan. En votant pour ce candidat, la population – me semble-t-il – signe un contrat avec la communauté internationale.

Les deuxièmes élections présidentielles du 20 août 2009 se déroulent dans une ambiance bien différente. Hamid Karzaï est candidat à sa propre succession. Son concurrent direct est un autre proche de Massoud, le Dr Abdullah. La vague d'espoir des premiers temps n'a pas résisté à une nouvelle dégradation de la sécurité sur le terrain. La situation de l'Afghanistan est en effet loin de correspondre aux projections optimistes que l'on pouvait échafauder au lendemain de la défaite des talibans. Ces derniers ont reconstitué leurs forces et semblent bénéficier d'une popularité renouvelée dans le sud et l'est du pays. Ils démontrent leur capacité à résister à la plus formidable machine de guerre de l'histoire humaine et utilisent les technologies de communication les plus modernes pour diffuser leur message. Beaucoup plus qu'en 2004, ils parviennent à peser sur le déroulement des élections. Deux attentats secouent la capitale, au cœur même de la zone verte et aux abords du palais présidentiel, quelques jours à peine avant le scrutin.

Alors que le président Karzaï adopte un discours de plus en plus ouvertement anti-occidental, de nombreux experts internationaux expliquent l'échec du processus de reconstruction par la corruption qui

L'État dans tous ses états...

gangrène à chaque niveau l'administration afghane. Le dilemme qui revient sans cesse dans les conversations est le suivant : doit-on contourner le gouvernement national et ainsi contribuer un peu plus à son incapacité à délivrer les services de base ou, au contraire, passer par les structures étatiques et inévitablement nourrir les réseaux clientélistes que les notables ont mis en place ?

Les premiers résultats tombent le 26 août : cette fois-ci, Karzaï n'atteindrait que 40 % des voix. Il est en ballotage ; un deuxième tour doit être organisé. Les irrégularités semblent généralisées, les accusations de fraude massive fusent des milieux diplomatiques et journalistiques. Les Nations unies s'en émeuvent, cette fois-ci. Des rumeurs récurrentes font même état de discussions en cours pour évaluer diverses options permettant d'écarter le président sortant, devenu trop encombrant pour Washington. Dans un contexte particulièrement chaotique, une vérification partielle du scrutin est effectuée. Des dizaines de milliers de bulletins de vote sont invalidés. Des résultats contradictoires allant jusqu'à donner la majorité absolue à Karzaï sont annoncés à plusieurs reprises pendant le mois de septembre. La confusion atteignant son comble, plusieurs amis afghans me font part de leur crainte que les partisans de Karzaï et Abdullah puissent en venir aux armes. Les autorités étasuniennes prennent les choses très au sérieux et cherchent à promouvoir un accord de partage du pouvoir.

Kaboul est la scène d'un intense ballet diplomatique durant tout le mois d'octobre. Le 21, les résultats finaux sont annoncés : Karzaï, 46,7 % ; Abdullah : 30,6 %.

Karzaï, sous pression, accepte à contrecœur la tenue d'un deuxième tour. Abdullah accuse la Commission électorale indépendante, l'organe national de contrôle du scrutin, d'être partiale. Comme il exige en vain que sa composition soit modifiée, il finit par annoncer de façon fracassante le 1er novembre qu'il renonce à participer au second tour. Karzaï est déclaré vainqueur.

Devant une telle issue, peut-on considérer que les élections présidentielles ont apporté l'impulsion qu'espéraient les expatriés retranchés dans la zone verte ou entraîné dans leurs sillages la série de réalisations qu'attendaient les électeurs de Khushal Khan Khana en 2004 ? Les pays qui sont intervenus en Afghanistan et les Nations unies ont-ils répondu aux aspirations de la population afghane ? Tout le processus se fait sous haute surveillance extérieure et implique des milliers d'observateurs électoraux venus des quatre coins du monde. La politique afghane est une affaire transnationale, autant au niveau des ressources humaines que financières, et implique la circulation globalisée de savoir-faire et de personnes. En cinq ans, nous nous sommes pourtant bien éloignés de l'atmosphère festive de 2004. Je sens parmi mes interlocuteurs afghans un sentiment de frustration, de dépossession, voire de colère. Certains parlent des élections – au-delà du résultat – comme d'une duperie ritualisée qui répond plus aux fantasmes des représentants de la communauté internationale qu'aux besoins de la population[1].

---

1. Pour une description de l'observation électorale au Kirghizstan, voir Petric, 2013.

L'État dans tous ses états...

L'Afghanistan est un pays dont les infrastructures – déjà peu développées dans le passé – ont beaucoup souffert depuis 1978. L'agriculture en particulier (à l'exception du pavot) reste à de bas niveaux de productivité. Le marché de l'emploi est dépendant de la présence étrangère, alors que l'accroissement démographique est l'un des plus élevés au monde, avec 3,5 % en moyenne entre 2005 et 2010[1]. Le gouvernement n'a guère de revenus propres et le budget national est très largement lié à l'aide internationale. Face aux questions de légitimité politique et aux déplacements inévitables de souveraineté induits par la présence internationale massive, on peut parler sans exagération de « protectorat globalisé »[2]. De nombreuses erreurs ont été commises. Certaines auraient pu être évitées, à n'en pas douter. Mais essayons de suspendre toute perspective normative pour nous efforcer de comprendre les facteurs structurels qui sont à l'œuvre.

Après l'intervention de la coalition militaire menée par les Américains et la défaite des talibans à la fin de 2001, l'Afghanistan a connu des changements spectaculaires. Le processus de démocratisation, conduit sous la houlette de la communauté internationale, a abouti à l'adoption d'une nouvelle Constitution, ainsi qu'à la tenue d'élections présidentielles et législatives. D'un point de vue technique, ce sont de belles réa-

---

1. Selon le Fonds des Nations unies pour la Population (FNUAP), la population de l'Afghanistan aura ainsi triplé d'ici à 2050, passant de 32,3 millions à 97,3 millions. Voir www.unfpa.org/emergencies/afghanistan/factsheet.htm, consulté le 2 mai 2008 (le site n'est plus accessible).
2. Petric, 2005.

lisations. Dans un ouvrage analysant l'ensemble du processus démocratique, Coburn et Larson (2013) se demandent pourtant si les élections présidentielles et législatives ont permis d'établir un gouvernement légitime et représentatif en Afghanistan. Ils critiquent ceux qui voient dans leur simple tenue un succès ; ils font valoir que la manière dont les campagnes électorales et les scrutins ont été mis en œuvre en Afghanistan a été un facteur de déstabilisation. Bien loin de lancer une dynamique positive, l'attention portée à des événements ponctuels, spectaculaires, censés frapper les imaginaires mais finalement peu en phase avec le contexte politique, s'est faite au détriment des processus structuraux de changement social. Les élections présidentielles de 2004 puis de 2009 auraient ainsi contribué à l'échec de la reconstruction en permettant aux élites politiques de consolider leur mainmise sur les ressources apportées par les acteurs internationaux.

Cette analyse pessimiste est corroborée par la troisième élection présidentielle, qui se déroule le 5 avril 2014. Elle se distingue des deux précédentes car elle marque une passation de pouvoir : Hamid Karzaï, déjà élu à deux reprises, ne peut plus se présenter. Elle a lieu dans un climat d'incertitude croissante, avec pour horizon le retrait des forces internationales, annoncé pour la fin de l'année. Selon les chiffres fournis par la Commission électorale indépendante, 6,6 millions d'électeurs se sont déplacés aux urnes, ce qui est considérable au regard du contexte de violence et des menaces d'attaque contre les bureaux de vote.

Aucun candidat n'obtient la majorité absolue. Le Dr Abdullah, qui se présente à nouveau, arrive en tête avec près de 45 % des voix ; Ashraf Ghani, l'ancien universitaire et expert de la Banque mondiale si estimé par le représentant spécial adjoint du secrétaire général des Nations unies en Afghanistan, en recueille 31,5 % (déjà candidat, il avait obtenu à peine 2,7 % en 2009). Les autres prétendants à la présidence suivent loin derrière. Plus que par la variable ethnique, c'est au niveau sociologique que les deux candidats s'opposent. Abdullah s'appuie sur les milieux issus de la résistance ; il dispose de relais locaux, de liens politiques qui ont fait leur preuve. Ghani bénéficie d'un fort soutien dans les milieux expatriés. Les mauvaises langues disent qu'il peut également compter sur tous les réseaux clientélistes développés par le président sortant.

Cette fois-ci, le second tour a lieu, le 14 juin. Les premiers dépouillements indiquent que la tendance se serait inversée de façon spectaculaire en faveur de Ghani. La tension monte, les accusations de fraude fusent, la possible création de deux gouvernements parallèles est évoquée par Abdullah. Cette fois-ci, quelque 8 millions d'électeurs auraient participé au scrutin. Mais ce chiffre paraît d'emblée hautement invraisemblable aux observateurs internationaux, qui soulignent que 21 millions de cartes d'électeur auraient été distribuées alors que la population habilitée à voter ne s'élèverait qu'à 13 millions. Les provinces de Paktia, Khost et Paktika, où Ghani a obtenu un soutien massif, ont ainsi enregistré plus de votes que le nombre estimé de votants.

Les États-Unis, qui ont accompagné dès 2001 tout le processus démocratique, ne peuvent se permettre de le voir s'enliser. Ils poussent les parties en présence à accepter une vérification du scrutin conduite sous le parrainage des Nations unies. De longs et difficiles pourparlers aboutissent finalement, le 20 septembre 2014, à un compromis politique visant à mettre sur pied un gouvernement d'unité nationale. Après trois mois d'impasse, les deux candidats conviennent de partager le pouvoir. Ashraf Ghani est déclaré vainqueur ; Abdullah obtient quant à lui la création au sein du gouvernement de la nouvelle fonction – non prévue dans la Constitution – de président-directeur général, qui lui est attribuée et qui pourrait se transformer par une réforme constitutionnelle en un poste de Premier ministre. Le détail des résultats du second tour n'est pas annoncé officiellement, mais il semble que Ghani et Abdullah aient respectivement recueilli environ 55 % et 45 % des voix.

Considérant les résultats du premier tour et les caractéristiques démographiques de l'Afghanistan, la victoire de Ghani au second tour paraît mathématiquement improbable. Comment l'interpréter ? Les multiples entorses aux règles de la transparence démocratique sonnent-elles le glas du rêve de normaliser la manière de gouverner l'Afghanistan ? Comment comprendre l'opposition entre Ashraf Ghani et le Dr Abdullah ? On lit souvent dans les médias que le premier est pachtoune et le second tajik. Mais est-ce la bonne clé d'analyse ? Certes, la dimension ethnique est présente. Les deux listes électorales sont explicitement construites sur le principe de la diversité : Ashraf Ghani est secondé par Abdul Rashid Dostum, le chef des milices ouzbèkes qui soutinrent le régime communiste jusqu'en 1992, et un juriste hazara. Aucune personnalité liée aux milieux de la résistance n'apparaît dans cette alliance. Le camp opposé suit la même logique de mixité ethnique, mais regroupe des figures issues de la lutte antisoviétique : Abdullah s'est assuré le soutien d'un membre du Hezb-e islami, un parti considéré comme islamiste et majoritairement pachtoune, et de Haji Mohammad Mohaqiq, un influent commandant hazara. Les élections sont au cœur de la légitimité d'un système démocratique. Mais l'État afghan n'a pas les moyens logistiques et financiers pour organiser le processus. La clé de voûte de la souveraineté nationale reste sous tutelle internationale. La population afghane assiste à cette mise en scène de la démocratie qui se réduit finalement à un marchandage politique arbitré par les États-Unis.

Par leurs trajectoires, Ghani et Abdullah incarnent des pratiques politiques et des projets sociaux différents. Je privilégie une lecture politique et sociologique de l'élection présidentielle afghane de 2014. Plus que la dispute entre un Pachtoune et un Tajik, j'y vois la confrontation entre deux formes différentes de redistribution, entre un intellectuel qui a passé les années de guerre à l'étranger et un représentant des milieux djihadistes, entre un technocrate dont le programme est de construire un État central fort et un homme public aguerri à l'art afghan de faire de la politique. Les électeurs ont dû se prononcer pour un projet volontariste orienté vers le futur ou une gestion pragmatique des équilibres hérités du conflit.

L'élection d'Ashraf Ghani est d'ailleurs une victoire à la Pyrrhus. Tout d'abord, les concessions qu'il a dû faire pour accéder au pouvoir et l'éclatement effectif des centres de décision rendent l'Afghanistan encore plus difficile à gouverner. Plus profondément, on peut se demander si sa vision de l'État correspond aux besoins de la société afghane et aux transformations du monde qui l'entoure. Son programme annoncé consiste en *fixing failed states*, pour reprendre le titre d'un ouvrage qu'il a coécrit[1], autrement dit à réparer les États faillis – ceux qui ne correspondent pas au modèle qui a fait ses preuves en Europe et en Amérique du Nord – et à les faire entrer réellement dans le concert des nations. On peut ainsi lire sous leur plume :

> Seuls les États souverains – par quoi nous entendons les États qui assurent effectivement les fonctions qui les rendent souverains – permettront la poursuite du progrès humain[2].

L'ensemble du texte dénote une foi en l'État comme la forme d'organisation politique la mieux apte à affranchir l'humanité de la pauvreté et de la violence, à intégrer dans le système politique et économique mondial les quelque deux milliards de personnes qui vivent dans la misère parce que les gouvernements des pays où elles habitent sont dysfonctionnels. Les auteurs appellent de leurs vœux un contrat global entre État, citoyens et marché pour assurer la prospérité de tous. Ils adoptent une position optimiste selon laquelle il est possible de trouver des solutions techniques aux

---

1. Ghani & Lockhart, 2008.
2. *Ibid.*, p. 4.

malheurs du monde ; en bref, ils sont porteurs d'une philosophie qui reste attachée à l'idée que l'histoire a une direction, pour autant que les personnes de bonne volonté unissent leurs efforts.

Mais au-delà de l'alternative entre renforcer ou contourner l'État, qui sonne comme une aporie, on ne peut être que frappé par la multiplication des acteurs de la reconstruction et du développement, ainsi que par le manque de coordination, voire la concurrence qui règnent entre eux. Le ministère de la Réhabilitation rurale et du développement et le ministère de l'Agriculture, de l'Irrigation et de l'Élevage sont en compétition pour obtenir les faveurs des bailleurs de fonds ; le ministère de l'Intérieur et la Direction indépendante pour la Gouvernance locale se déchirent sur leurs mandats respectifs sous l'arbitrage hésitant de la présidence. Les organisations multilatérales (comme la Banque mondiale ou le PNUD) et bilatérales (USAID, DFID, JICA, GTZ, DDC...) planifient quant à elles leur action sans toujours se concerter. Les forces armées étasuniennes et la Force internationale d'assistance et de sécurité (International Security Assistance Force, ou ISAF) proposent également toute une série de projets de développement par l'entremise des équipes provinciales de reconstruction (Provincial Reconstruction Teams, ou PRT). Les ONG, qui se sentent menacées dans leurs financements, reprochent à ces équipes militaro-civiles d'être guidées par des considérations tactiques et non par les besoins des populations bénéficiaires, et de contribuer à un mélange des genres qui menace l'indépendance de la sphère humanitaire.

Mais un nouvel acteur occupe une place de plus en plus importante sur la scène afghane : les compagnies privées, qu'elles soient de développement, de sécurité ou encore de construction[1]. Un officier américain responsable de l'équipe de lutte anticorruption de l'ISAF me confiera lors d'un entretien en 2011 que cinq grandes compagnies privées de développement basées aux États-Unis – telles que Development Alternatives Inc. (DAI) ou Chemonics – s'accaparent 80 % des 4 milliards de dollars constituant le budget afghan de USAID pour 2011. Une part prépondérante de cet imposant montant est constitué par les salaires des expatriés. En effet, ces compagnies se sont fait une spécialité des Capacity Development Programs, ou CDP, qui consistent en de petits ateliers de formation et de sensibilisation dispensés par des experts, le plus souvent directement parachutés d'Amérique du Nord. Leur contribution au développement de l'Afghanistan reste à démontrer, alors que les juteux mandats semblent attribués de façon particulièrement peu transparente.

Du côté afghan également, l'air du temps change. Dans la période qui suit la chute des talibans, le nombre des ONG se multiplie, dans un effort de capter les ressources de l'aide venant de l'extérieur. Selon les chiffres du ministère des Finances afghan, il y a en 2005 – année où les fonds affluent et le niveau d'insécurité est encore modéré – 2 400 ONG nationales et internationales enregistrées dans l'ensemble du pays. Les fonds pour la reconstruction sont alloués de

---

1. Coburn, 2016.

la façon suivante : 45,5 % aux Nations unies, 30 % au gouvernement, 16 % au secteur privé et 9 % aux ONG[1]. Ces dernières, toutefois, sont des partenaires privilégiés de l'ONU et du gouvernement, qui leur demandent de mettre en œuvre de nombreux projets. Mais la baisse progressive des financements débouche sur un nouveau modèle : des consortiums de compagnies privées (actives dans le domaine du bâtiment, de la logistique et du transport, ou encore de la production agricole) qui travaillent de concert avec une ONG. Entrepreneurs et politiciens afghans s'associent en se répartissant les tâches, ceux-là assurant les revenus, ceux-ci procurant les contacts et les contrats. Nous acheminons-nous vers une privatisation de la reconstruction et de l'aide au développement ? Assiste-t-on à la fin de l'ère des ONG ou à l'intégration de l'effort de reconstruction à la politique étrangère des États bailleurs de fonds ?

La présence internationale et l'effort de reconstruction ont conduit à un processus paradoxal. D'une part, l'économie artificielle liée à l'abondance des ressources venues de l'extérieur a permis à des hommes d'affaires de prospérer et aux chefs de guerre de se désintéresser de toute forme d'autorité et de légitimité populaires. D'autre part, l'idéal communautaire, cher aux bailleurs de fonds et aux agences d'aide, a entraîné la prolifération des conseils locaux ou *shuras*, contribuant à un émiettement du tissu politico-économique.

---

1. Voir les sites suivants: http://www.irinnews.org/news/2005/05/31/new-code-conduct-regulate-ngos et http://pom.peacebuild.ca/NGOAfghanistan.shtml#Anchor-End-35326 (consultés le 2 octobre 2017).

De nombreuses initiatives bien intentionnées échouent spectaculairement en raison d'un profond manque de compréhension du contexte local[1].

Face à la pluralité des pratiques de développement et à leur ambigüité, il faut être aveugle pour se contenter de blâmer la corruption des élites politiques ou des grandes figures de la résistance antisoviétique. Il est urgent de prendre également la mesure des effets pervers de la présence internationale en Afghanistan. Par exemple, coexistent au sein de chaque ministère afghan des fonctionnaires de base payés en monnaie nationale (entre 5 000 et 30 000 afghanis, soit entre 100 et 600 dollars environ), des employés dits *superscale*, qui reçoivent des bailleurs de fonds multilatéraux ou bilatéraux un supplément (de plusieurs centaines, voire de milliers de dollars), et des personnes travaillant dans le cadre de programmes financés directement par la Banque mondiale, le PNUD, la FAO et dont les salaires se montent souvent à plusieurs milliers de dollars. Ainsi, le directeur afghan d'un programme de développement soutenu par le PNUD touchera un salaire de base supérieur à celui d'un ministre ou d'un vice-ministre, un chauffeur des Nations unies plus qu'un professeur d'université.

Les tentatives infructueuses de Hamid Karzaï d'interdire les compagnies privées de sécurité à l'été 2010 est une illustration des distorsions auxquelles la présence internationale conduit. Face à ces limitations du pouvoir de l'État et cette multiplicité des centres de décision, l'Afghanistan apparaît

---

1. Coburn, 2016.

L'État dans tous ses états...

comme un espace politique éclaté, où coexistent des modes concurrents d'action, de légitimation et de redistribution des ressources : en somme, un archipel de souverainetés !

Chapitre 3

Éduquer les élites : de Genève à Abu Dhabi

> « *Les Afghans doivent voter avec leurs pieds : on ne peut pas contribuer à la reconstruction en vivant à l'étranger !* »
>
> Un fonctionnaire afghan, Abu Dhabi

En mai 2014, je me retrouve à Abu Dhabi dans un hôtel de luxe donnant sur la corniche de la capitale des Émirats arabes unis. Plage privée, piscine, centre de fitness. Je suis sur place pour donner un cours sur les questions de migration et de développement à des fonctionnaires du ministère des Finances afghan.

Mon employeur, l'Institut de hautes études internationales et du développement (IHEID) de Genève, s'efforce, comme tant d'autres institutions académiques, de renforcer sa visibilité sur la scène globale. À côté des divers masters et doctorats disciplinaires, le champ de la formation continue a été fortement développé. Le but est d'offrir une série de programmes adaptés aux attentes d'un public attiré par la plaque tournante qu'est Genève, qui va des employés d'organisations internationales aux fonctionnaires de gouvernements nationaux, des militants des droits de l'homme aux cadres de compagnies privées. C'est le domaine réservé de l'anglais. On parle de *leadership*, de *global governance*, de *career opportunities* ou de *career development*, de *skills* (*leadership skills*, *analytical skills*, *communication skills*), de la possibilité de se familiariser avec les *policy-making tools*, d'apprendre comment prendre des décisions stratégiques, de développer son réseau professionnel. En dernière instance, il s'agit d'acquérir le savoir nécessaire pour pouvoir entrer dans la communauté du développement international, de se socialiser en se fondant dans un certain moule, de s'imprégner de compétences socioculturelles, d'un langage du corps, d'une tournure d'esprit, d'une terminologie – d'un *habitus*, dirait Bourdieu –, autant si ce n'est plus que de connaissances intellectuelles nouvelles.

Le master en politiques et pratiques du développement est plus particulièrement destiné à des « professionnels qui occupent ou sont appelés à occuper des postes clés dans les organisations publiques, le secteur privé, les ONG ou les associations de la société civile[1] ». Il vise à mettre en œuvre des actions de développement durables, efficaces et respectueuses de la diversité culturelle et sociale. Dans un premier temps, les participants venus du monde entier sont répartis en cinq pays – Mali, Ghana, Kazakhstan, Vietnam et Pérou – avant de se retrouver pour une période finale d'enseignement à Genève.

1. http://dpp.graduateinstitute.ch/fr/home.html, consulté le 12 janvier 2015.

Éduquer les élites : de Genève à Abu Dhabi

Un sous-programme spécifique a été conçu en collaboration avec l'Institut des Nations unies pour la formation et la recherche (plus connu sous l'acronyme anglais d'UNITAR) et le ministère des Finances de l'Afghanistan pour éduquer les cadres du gouvernement de Kaboul et participer au renforcement de l'État afghan. En partie pour répondre aux craintes des enseignants, en partie pour valoriser le programme aux yeux des candidats potentiels, la phase préliminaire se tient hors d'Afghanistan. C'est dans ce cadre que je me rends avec deux collègues de mon institut à Abu Dhabi pour la deuxième cuvée de ce programme après être déjà intervenu à Istanbul en juin de l'année précédente. Alors qu'en 2013, enseignants et participants ne logeaient pas dans le même hôtel – reproduisant la ségrégation spatiale qui existe entre expatriés et personnel local en Afghanistan –, j'ai la bonne surprise de constater que nous sommes tous installés dans le même établissement cette fois-ci, quoique dans des ailes séparées.

Vingt fonctionnaires du ministère des Finances participent à la formation[1]. La sélection a été filtrée par l'administration afghane et a largement échappé au contrôle de l'UNITAR et de l'IHEID. Je constate un triple biais de genre, d'origine régionale et d'étatocentrisme. En premier lieu, les femmes restent très minoritaires, même si leur nombre est passé d'un à quatre par rapport à l'année précédente. Alors que leurs collègues masculins sont pour la plupart dans la trentaine ou la quarantaine et occupent des postes

---

1. Pour le cours portant sur les questions de genre au sein de cette formation, voir Billaud, 2013.

à responsabilité au sein du ministère (ils sont souvent directeurs d'un service ou d'un sous-service, que ce soit celui des impôts, des douanes ou de la coordination avec d'autres ministères), les femmes sont en moyenne plus jeunes et professionnellement plus novices. Ensuite, les Pachtounes de l'est – comme le ministre – sont surreprésentés. Finalement, seuls deux ou trois participants ne travaillent pas au siège de Kaboul mais dans les branches du ministère à Kandahar ou Hérat. Les organisateurs du programme se rendent bien compte que des logiques politiques se déploient en coulisse, mais le simple pragmatisme les oblige d'aller de l'avant ; l'action prime sur l'analyse réflexive ; une initiative, quelle qu'elle soit, est toujours préférable à l'inertie.

Jetons un regard rétrospectif. Le ministre afghan des Finances est venu début 2013 dans la cité de Calvin pour signer le protocole relatif au master en politiques et pratiques du développement. En présence du directeur général de l'Office des Nations unies à Genève et d'autres personnalités, il donne le 31 janvier à la bibliothèque du Palais des Nations une conférence intitulée « The Post-Conflict Reconstruction of Afghanistan: The Outlook Beyond 2014 ». Il brosse un tableau de la stratégie qu'il préconise. Titulaire d'un doctorat en économie d'une université canadienne, le ministre s'exprime avec aisance. Il passe de l'importance des ressources minières de l'Afghanistan aux droits de l'homme, à la démocratie et aux questions de genre.

Le discours n'est pas nouveau ? Qu'importe, la directrice exécutive de l'UNITAR, une énergique et joviale irlandaise, est aux anges. Cette ancienne des Nations unies voit dans ce technocrate moderniste un partenaire avec lequel il est possible de travailler, de jeter les bases d'un avenir meilleur. Au cours de la soirée, elle me demande d'ailleurs si le ministre a une chance d'être le prochain président de l'Afghanistan. Un vieil ami afghan, qui se trouve à mes côtés, réagit avec véhémence et balaie une telle hypothèse. Son argument est strictement sociologique : ce ministre manque d'une base populaire, il n'a pas les relais d'influence nécessaires au niveau des provinces et des districts. Mon ami, médecin de formation ayant travaillé pendant des années pour des organisations non gouvernementales françaises, me confiera en aparté son agacement devant ces fonctionnaires internationaux qui cherchent à identifier un leader providentiel à leur image plutôt qu'à comprendre la manière dont les rapports de pouvoir opèrent en Afghanistan et à se pencher sur les problèmes structuraux.

Mais, même si l'influence du ministre des Finances ne dépasse guère Kaboul et le cercle du gouvernement, il n'en reste pas moins un personnage important de la politique afghane ; il est donc inévitablement au centre de polémiques. Il est vu comme un dynamisme réformiste par les uns et accusé de fraude par les autres. Soupçonné d'avoir des centaines de milliers de dollars sur des comptes à l'étranger, il sera traité publiquement l'année suivante de « grand voleur » par le frère du président Karzaï, lui-même impliqué dans plusieurs scandales financiers. Ces luttes, qui peuvent couper des familles en deux, n'ont rien d'inhabituel en Afghanistan.

En fait, plus que par ces allégations croisées de corruption, je suis dérouté par la propension des diplomates et des experts occidentaux à effectuer un tri entre les bons et les mauvais acteurs politiques, entre ceux qui contribuent à construire le futur en pensant au bien commun et ceux qui représentent le passé avec son cortège de malheurs, entre ceux qui vont dans le sens de l'histoire et ceux qui s'y opposent pour sauvegarder des intérêts privés. Somme toute, cette vision normative de la société afghane reflète un déni du politique. Je me demande comment elle influence non seulement les fondements sur lesquels la reconstruction est conduite en Afghanistan, mais aussi l'analyse des processus sociopolitiques et les pratiques éducatives.

Ma position n'est pas sans ambiguïté. C'est en tant qu'enseignant et non en tant qu'ethnographe que ma présence se légitime. Mon positionnement multiple me donne néanmoins l'occasion d'observer l'extériorisation de la formation des cadres afghans tout en y participant. Je prends comme objet de réflexion un programme de formation auquel je collabore. Il y a bien longtemps que l'anthropologie s'est éloignée de la conception positiviste selon laquelle la recherche peut être conduite sans affecter l'objet d'étude. Se préoccuper de la pratique de l'ethnographie et des conditions de production de la connaissance est devenu un aspect routinier de la discipline. Les anthropologues ont accepté l'idée qu'ils font partie du monde et contribuent à changer les phénomènes sociaux qu'ils étudient par leur simple présence et les questions qu'ils posent. Nombreux sont ceux qui

― comme moi ― naviguent entre la sphère académique et l'univers de la consultance. Reflétant la diversité des lieux à partir desquels l'anthropologie est produite, la frontière entre la recherche « académique » et « appliquée » s'estompe.

Quelle réflexion critique peut être produite à partir de ce positionnement ambivalent et ambigu ? La question classique de la façon dont le regard anthropologique peut éclairer les pratiques de développements est maintenant déplacée vers celle de la façon dont l'engagement dans l'aide humanitaire, la reconstruction post-conflit et les projets de développement peut affecter la pratique et la théorie anthropologiques et finalement transformer la discipline.

Nulle part cette nouvelle économie politique de l'anthropologie n'apparaît plus manifestement qu'en Afghanistan, un pays où tout chercheur côtoie les organisations humanitaires ou de développement, ainsi que les forces armées, et souvent en dépend pour accéder à son objet d'étude. Dans un tel environnement marqué par l'insécurité et la concurrence, longtemps saturé de projets et d'argent, la réflexivité critique est d'autant plus nécessaire. D'un côté, les universitaires ont tendance à être perçus comme des travailleurs humanitaires ou des agents de développement par les personnes qui acceptent de répondre à leurs questions. Comment le travail des anthropologues est-il ainsi incorporé dans les stratégies des populations locales qui s'efforcent d'améliorer leurs moyens de subsistance ? D'un autre côté, les organisations internationales et non gouvernementales, les administrations nationales et les militaires font appel à des spécialistes des sciences sociales pour mieux comprendre les besoins et définir les stratégies d'assistance, pour promouvoir les droits de l'homme, l'émancipation des femmes, la démocratie, pour comprendre les rapports de pouvoir et être en mesure de les influencer. Comment cette proximité affecte-t-elle l'autonomie financière, logistique et intellectuelle des chercheurs ?

La notion même d'observation participante, si chère aux anthropologues, perd de sa pertinence. S'agit-il d'un niveau supérieur d'implication ? Est-il légitime de parler plutôt de participation observante ? Plutôt que de décider laquelle de ces étiquettes est la plus adéquate, il est crucial à mes yeux de me demander comment je négocie ma pratique de recherche avec des partenaires aussi diversifiés que mon employeur, des organismes publics de financement, d'autres bailleurs de fonds, les étudiants qui suivent mes cours, les personnes à qui je pose des questions. Comment cette négociation est-elle nécessaire pour accéder à l'objet d'étude que je construis et comment influence-t-elle mon regard et donc ma production ?

L'idée de terrain ethnographique, un autre pilier de la discipline, se dissout également. Le terme même de « terrain » renvoie à une parcelle de sol avec des limites et des dimensions précises. Permet-il réellement, même de façon métaphorique, de saisir la pratique de nombreux anthropologues, y compris ceux qui sont attachés à la recherche empirique ? Mon regard ne se limite pas aux sites où je peux rencontrer des réfugiés et des migrants afghans, que ce soient des camps au Pakistan, des chantiers en Iran ou des usines désaffectées en Grèce. La Maison de la Paix, monument de verre qui semble célébrer les vertus de la transparence et qui abrite à Genève l'Institut de hautes études internationales et du développement et trois centres soutenus par la Confédération suisse dont les activités touchent des questions de sécurité (le Centre pour le contrôle démocratique des forces armées ; le Centre de politique de sécurité ; le Centre international de déminage humanitaire), les salles de cours où j'enseigne, le quartier de la place des Nations où je déambule sont autant de lieux pour observer la manière dont la gouvernance mondiale opère.

Mais retournons à Abu Dhabi, dans la salle de conférence d'un hôtel de luxe avec plage privée, piscine et centre de fitness. J'observe la mise en place du cours comme un rituel. L'air conditionné, les moquettes épaisses, le *flipchart*, le projecteur vidéo marquent un espace séparé. Tout est réglé selon une liturgie préétablie à laquelle les participants adhèrent. L'officiant est un énergique suisse italien. Propre et net, il virevolte devant son audience. L'essentiel de son message pédagogique tient en une phrase : « Observez les délais ! » Il insiste sur l'importance d'arriver à l'heure, de respecter le temps de parole des uns et des autres, de comprendre les travaux assignés. Son vicaire, après s'être assuré du bon fonctionnement de la technologie, s'assied à l'écart et consigne les minutes de la réunion. Puis c'est le tour de table au cours duquel chaque participant se présente, sorte de mise à plat administrative qui révèle pourtant tant de choses. Tout en écoutant attentivement et en scrutant l'audience, je pense à Michel Foucault : après avoir discipliné les corps, il faut convaincre les esprits.

Au-delà des compétences linguistiques en anglais et de l'assurance de celui qui parle, c'est par les réactions des uns et des autres – qui vont du silence empreint de déférence à la mimique ouvertement goguenarde – que l'on perçoit les rapports de pouvoir internes au groupe. Les hommes portent tous un complet-veston sombre, une cravate unie, une chemise claire et des mocassins en cuir. Ils sont pour la plupart rasés de près. Rares sont ceux qui portent une moustache ou une barbe, d'ailleurs taillée court. Les femmes sont moins uniformes et plus colorées : pantalons amples et chemisiers en tissu léger sont complétés par un châle bleu, jaune ou fuchsia avec lequel elles se couvrent les cheveux ; aux pieds, elles portent des sandales, des salomés ou des ballerines.

Rien d'inhabituel, de prime abord. Mais l'anthropologie consiste précisément à questionner les évidences. Comment se fait-il que les hommes incarnent une globalité calquée sur les codes vestimentaires qui prédominent aux Nations unies, alors que les femmes semblent pencher du côté de l'ancrage culturel, du particulier ? Pourtant, elles sont loin de reproduire un ordre local qui les assujettit. Elles jouent subtilement avec les normes de comportement féminin qui prévalent en Afghanistan. D'un côté, elles rendent leur présence publique acceptable par une modestie ostentatoire. Elles ne prennent la parole que lorsque l'enseignant les sollicite directement, elles parlent d'une voix à peine audible en baissant la tête. De l'autre, des chuchotements en aparté suivis de pouffements étouffés, une mèche rebelle qui se laisse entrevoir, le voile qui glisse malencontreusement de leur tête au moment où

Éduquer les élites : de Genève à Abu Dhabi

elles prennent la parole peuvent être interprétés comme autant de micro-actes par lesquelles elles testent les frontières des convenances et les renégocient.

Mon cours commence. Mes huit heures sont réparties sur deux jours pour parler des relations entre migrations et développement. Lors de la première journée, je présente les théories classiques, celles de la modernisation et de la dépendance. Je passe ensuite aux controverses anciennes et récentes sur le rôle des transferts de fonds dans le développement des pays d'origine des migrants. La deuxième journée est consacrée à tirer des enseignements pratiques de ces discussions générales et à les appliquer au cas qui est le leur. Après avoir présenté les territoires de circulation, les réseaux transnationaux et la dispersion stratégique des familles afghanes que j'ai documentés dans mes recherches passées, je demande aux participants comment les fonds envoyés par les migrants et les réfugiés pourraient contribuer à l'effort de reconstruction de l'Afghanistan. Je les fais réfléchir en groupes à des réformes administratives qui intégreraient les transferts de fonds dans la politique de développement. Quelles mesures concrètes peuvent-ils imaginer – en tant que fonctionnaires du ministère des Finances – pour encourager les migrants à investir dans leur pays d'origine ? Est-il envisageable, par exemple, d'introduire en Afghanistan un statut comparable à celui qui existe en Inde pour les personnes originaires de ce pays mais qui n'en détiennent pas la nationalité (*Persons of Indian Origin Card*) ?

Les réactions que mes considérations suscitent sont contradictoires. Tous se disent sensibles à ma familiarité avec le contexte afghan. Les témoignages que je recueille pendant les pauses me semblent corroborer mes analyses. Un homme originaire du Nangarhar vient même me trouver à l'heure du thé pour me remercier avec émotion de lui avoir donné les moyens de repenser la trajectoire de sa famille. Mais dans le contexte formel du cours, le cadre conceptuel de l'État domine les discours.

J'essaie de sensibiliser les participants aux propositions du transnationalisme, selon lequel un individu peut être membre de plusieurs sociétés à la fois, autrement dit un acteur social, politique et économique dans son pays d'origine tout en résidant à l'étranger. Je propose de lire la mobilité comme une ressource et non seulement comme la marque d'une lacune, comme une réponse inventive à l'insécurité et la précarité économique. « À quoi cela sert-il ? », me rétorque-t-on. Malgré – ou à cause de – la présence militaire étrangère et l'omniprésence d'organisations humanitaires qui prennent en charge autant la sécurité nationale que les services sociaux, je me confronte à une conception très westphalienne de l'appartenance, où la légitimité politique est fondée sur une correspondance stricte entre État, territoire et population. Les participants sont attachés autant au principe de la souveraineté externe de l'État afghan, égal en droit à tout autre État de la planète, qu'à celui de sa souveraineté interne, avec l'idée qu'il dispose d'une autorité exclusive sur son territoire et la population qui s'y trouve, et ne peut tolérer d'ingérence d'un autre État. Je cherche à pousser la discussion et susciter des réactions. Je m'adresse aux participants : « Notre situation n'est-elle pas curieuse ? N'y a-t-il pas une contradiction entre le principe de souveraineté de l'État afghan et le fait que notre cours se déroule à Abu Dhabi ? »

En guise de réponse, un participant affirme de façon péremptoire : « J'ai passé plusieurs années au Pakistan comme réfugié, mais je suis rentré maintenant pour reconstruire mon pays. Les Afghans doivent voter avec leurs pieds, on ne peut pas contribuer à la reconstruction en vivant à l'étranger ! »

Malgré mes doutes concernant l'État comme seule manière d'organiser la vie sociale, je ne peux m'empêcher de comprendre cette position, tant je suis lassé par les prises de position de certains Afghans de la diaspora, prompts à s'engager dans de grands discours sans être prêts à en supporter les conséquences.

Mais lorsque je fais parler ce participant de son expérience et que je l'interroge sur la trajectoire de ses proches, il s'éclaire, raconte des anecdotes, révèle que les membres de son groupe de parenté avec lesquels il a conservé des contacts réguliers sont dispersés aux quatre coins du monde. Il tire fierté de ces réseaux sociaux globalisés. Cette dimension fait partie de son vécu ; il sait l'évoquer de façon éloquente mais refuse de l'intégrer dans toute analyse formelle de la situation afghane. Est-ce que la source même de son statut social, le fait même d'occuper une fonction à responsabilité dans un organisme étatique l'empêche de relier l'expérience familiale et la projection normative ? Ou est-ce que l'exercice de déconstruction des catégories auquel je me prête dans la discussion est trop éloigné des attentes qu'il a à l'égard d'un tel programme de formation ?

Je ne suis pas en droit de blâmer les participants au cours. Ils sont insérés dans un milieu professionnel où le succès dépend en partie du capital culturel que l'on peut accumuler en suivant des formations continues dispensées le plus souvent par des opérateurs humanitaires et de développement. Les fonctionnaires du ministère des Finances d'Afghanistan complètent leur socialisation en incorporant des nouvelles manières d'être et de s'exprimer ; de plus, ils institutionnalisent ce changement en acquérant un diplôme délivré par une institution académique européenne en partenariat avec un organisme des Nations unies. Le simple fait que le master en Politiques et pratiques du développement se déroule entre Abu Dhabi, Istanbul et Genève, contribue à son prestige et donc au leur.

Le personnage qui détient la plus haute fonction au ministère, meneur discret mais incontesté du groupe, prend la parole juste avant la pause. Il me complimente en me disant que la discussion a atteint une profondeur philosophique remarquable et il m'en remercie. Je ne perçois pas d'ironie dans son ton, mais je comprends qu'il ne faut pas pousser l'exercice plus loin. Le but des participants est d'acquérir les instruments concrets, les protocoles clairs sur la manière de développer leur pays qu'ils pourront valoriser dans leurs pratiques professionnelles. Il est difficile dans ces conditions de questionner le prêt-à-porter du *peacebuilding* sans leur donner le sentiment qu'on se moque de leurs attentes.

Une considération revient à plusieurs reprises dans la discussion : l'Afghanistan et le Japon ont obtenu leur indépendance la même année. J'ai souvent entendu cela lors de mes voyages dans le pays sans en comprendre le fondement. Il est vrai que le Traité de Rawalpindi, qui met fin à la troisième guerre anglo-afghane et par lequel le Royaume-Uni reconnaît l'indépendance complète de l'Afghanistan, et le Traité de Versailles, qui détermine les sanctions à l'égard de l'Allemagne à l'issue de la Première Guerre mondiale, ont été signé presqu'au même moment, à l'été 1919. Mais le Japon était alors une puissance en pleine expansion, qui faisait partie du camp des vainqueurs, et non un pays qui s'affranchissait à peine de la domination coloniale. Cependant, ce n'est pas la véracité historique qui est en jeu ici, mais la projection que les Afghans font sur une autre nation asiatique représentant leur imaginaire de modernité et un modèle à suivre.

Ces fonctionnaires font preuve d'une « nostalgie pour le futur », pour reprendre le titre d'un ouvrage de Charles Piot[1], nostalgie tournée vers une vision normative de la souveraineté étatique. Les concepts d'« État » et de « souveraineté » occupent une place centrale dans les réflexions sur la globalisation. De nombreuses analyses mettent l'accent sur l'érosion de l'État-nation comme détenteur privilégié de l'autorité politique face à la montée concomitante des nouvelles formes de pouvoir que représentent les marchés financiers ou les organisations non gouvernementales. Ce débat sans fin sur la crise de l'État, si bien critiquée par Bayart[2], découle toutefois d'une vision étroite – voire sociocentrique – de l'ordre politique, qui prend

---

1. Piot, 2010.
2. Bayart, 2004.

le modèle westphalien comme référence : l'État exerce une autorité univoque sur un territoire délimité et sa population, caractérisée par une culture et une langue communes. Dans une telle conception, État, souveraineté, mais aussi territoire et bureaucratie se définissent mutuellement et forment un ensemble cohérent.

Les anthropologues sont en position de dépasser cette perspective en historicisant et contextualisant ces concepts. Ils savent que l'humanité a connu une grande variété de systèmes politiques et que l'ordre social peut exister en dehors de toute structure étatique. Par ses recherches en Amazonie, Pierre Clastres[1] a même été plus loin en démontrant que certaines sociétés étaient organisées de façon à empêcher l'émergence de l'État. Le modèle normatif de l'État que les participants afghans au master en Politiques et pratiques du développement ont intégré, peut être vu comme une projection bureaucratique qui n'a jamais été tout à fait réalisée. Le monde colonial et postcolonial a toujours été caractérisé par des souverainetés multiples et stratifiées. Paradoxalement, c'est d'ailleurs avec la fin des empires coloniaux au milieu du XXe siècle que le modèle de l'État-nation s'est généralisé au niveau mondial[2]. Cette évolution s'est accompagnée depuis la fin de la guerre froide de la visibilité accrue des acteurs non étatiques transnationaux.

Le cas d'un pays tel que l'Afghanistan est à la fois exemplaire et unique. Il s'agit formellement d'une démocratie avec un président et un parlement élus, mais

---

1. Clastres, 1974.
2. Kelly & Kaplan, 2001.

Éduquer les élites : de Genève à Abu Dhabi

dépendant presque entièrement de la présence internationale pour délivrer les services sociaux et pour la sécurité. Et pourtant, les fonctionnaires du ministère des Finances de l'Afghanistan que j'ai côtoyés dans un hôtel cinq étoiles d'Abu Dhabi ont affiché une foi formelle dans les mérites de l'État. Un programme de formation tel que le master en Politiques et pratiques du développement rend visible l'État afghan à ses propres représentants, le fait exister comme une entité tendue vers des lendemains meilleurs. Mais n'y a-t-il pas une contradiction à nous retrouver à l'extérieur du territoire national dans une ville qui incarne le capitalisme financier ? N'est-ce pas une mise à nu de l'échec de la reconstruction de l'Afghanistan et de sa dimension extrinsèque ?

Je ne parviens pourtant pas à me convaincre de cette dichotomie entre ce qui est intérieur et extérieur, indigène et allogène, local et global... Les participants croient à la correspondance entre structure politique, territoire et population dans le cadre du cours, mais ils s'en distancient lors des pauses. Ils ne sont pas les victimes consentantes d'un processus d'inculcation venu d'Occident, mais des acteurs qui savent jouer et se jouer des échelles et des normes, quelles qu'elles soient, en gré des circonstances. Le programme de formation pour les fonctionnaires du ministère des Finances afghan est un moyen de faire croire à l'existence de l'État. Mais les participants sont dans le même temps capables d'être critiques, voire ironiques, à l'égard de la projection fantasmagorique qui leur est servie... Il y a là comme une tension tragique entre leur désir d'État et leur expérience concrète, qui reste dominée par des attentes inaccomplies.

CHAPITRE 4

Le développement rural : une affaire de *workshops*

> « *38 000 villages qui bénéficient enfin de projets de reconstruction [...] l'Afghanistan est sur la voie du progrès.* »
>
> Hamid Karzaï,
> président de la République islamique d'Afghanistan

Durant l'automne 2007, j'assiste à la conférence nationale du Programme de solidarité nationale (*Barnâma-ye hambastagi-ye melli* en persan ; National Solidarity Programme, ou NSP, en anglais) à Kaboul. Le NSP est présenté par le gouvernement et les bailleurs de fonds comme la réussite de l'effort de reconstruction en cours en Afghanistan, et un exemple à suivre[1]. Le Programme a été lancé l'année qui a précédé les premières élections présidentielles afghanes en 2004 dans le but de financer la reconstruction rurale en partenariat direct avec les popu-

---

1. Voir les sites suivants : www.mrrd.gov.af/ et www.nspafghanistan.org/ (ce dernier lien n'était plus actif en octobre 2017).

lations locales. Fondé sur une collaboration entre la Banque mondiale, le ministère de la Réhabilitation rurale et du développement (MRRD), et une trentaine de partenaires facilitateurs (pour la plupart des ONG internationales), le NSP est censé s'appuyer sur les traditions afghanes, telles que le *hashar* et la *jirga*[1], et s'inspirer des valeurs islamiques d'unité, d'équité et de justice.

L'un de ses effets les plus tangibles est la mise en place des Conseils de développement communautaire (CDC). La conférence réunit ainsi plusieurs centaines de délégués de ces conseils locaux venus de toutes les provinces du pays. Elle se déroule sur le site même où se sont tenues les *loya jirga* – Assemblées constituantes – de juin 2002 et décembre 2003-janvier 2004, un lieu symbolisant les pratiques de délibération qui accompagnent la (re)construction de l'État afghan sous l'impulsion de la communauté internationale.

Le mardi 13 novembre est un grand jour : le président Karzaï s'adresse aux participants. Les mesures de sécurité sont pointilleuses. Il faut attendre longtemps, dans le froid du petit matin, face à l'autoritarisme des gardes, avant de pouvoir pénétrer dans l'enceinte où se trouvent les vastes tentes qui abritent les réunions.

---

1. Le *hashar* est un travail collectif volontaire pour aider un voisin dans des gros travaux (construction d'une maison, par exemple) ou améliorer les infrastructures partagées (un canal d'irrigation, un puits ou un pont). « *Jirga/shura* : conseil traditionnel des villages afghans composé des chefs de famille. Selon le Programme de solidarité nationale, les communautés sont libres d'élire au sein de leur Conseil de développement les membres de la communauté de leur choix. Ils peuvent être ou non des membres des assemblées existantes *jirgas* ou *shuras* » (National Solidarity Program, 2006, p. VII).

Le développement rural...

Vers 9h00, des bruits d'hélicoptère se font entendre. Il y a un mouvement d'excitation dans la foule et plusieurs personnes se précipitent vers les premières rangées de sièges. Mais il faut attendre encore plus d'un quart d'heure pour que Hamid Karzaï fasse son apparition, presque subrepticement, par une entrée latérale. Il serre quelques mains au passage avant de monter sur l'estrade en compagnie du ministre de la Reconstruction rurale, Ehsan Zia. Avec une simplicité voulue, il dit à l'assemblée : « *Salâm aleikom sâheb, khosh âmadi !* » (« Bonjour à vous, Messieurs/Mesdames, soyez les bienvenus ! »). Il fait signe aux personnes de l'assistance de prendre place avant de s'asseoir lui-même au pupitre principal. Deux écrans, de chaque côté de la salle, montrent en alternance des images des orateurs et du public.

Plusieurs personnes prennent la parole : un représentant du ministère de la Réhabilitation rurale et du développement s'exprime d'abord en pachto, puis un jeune homme glabre, portant un complet couleur crème et de coupe occidentale, récite une sourate du Coran. Enfin, un bref discours de bienvenue par une femme, vêtue de jaune vif, qui donne la parole au ministre Zia. Ce dernier s'exprime en persan. Il commence par les salutations d'usage aux membres du gouvernement, au corps diplomatique, aux représentants des Nations unies. Il chante les mérites du Programme de solidarité nationale, en soulignant que, pour la première fois de son histoire, le peuple (*mardom*) afghan prend son destin en main. Il insiste sur la collaboration étroite, dans les trente-quatre provinces du pays, entre le gouvernement et la population rurale. Certaines de ses phrases sont ponctuées par des applaudissements, mais sa voix est souvent couverte par le vrombissement des hélicoptères qui tournent au-dessus de nos têtes. Plusieurs délégués de Conseils de développement communautaire prennent ensuite la parole, s'exprimant en pachto ou en persan, selon leur origine géographique.

Enfin, c'est au tour de Karzaï. Le public se lève, mais il fait immédiatement signe aux gens de se rasseoir avec une courtoisie marquée en disant : « *Merabâni !* » (« Je vous en prie »). À plusieurs reprises pendant le discours, une personne se dresse dans le public pour manifester son soutien, tantôt en lisant un petit billet, tantôt en s'exprimant en vers. Le président commence par parler en persan pour saluer les délégués et leur souhaiter à nouveau la bienvenue. Il fait référence à un attentat récent, où plusieurs dizaines de personnes ont trouvé la mort, dont un influent membre chiite du parlement. « *Ami kâr sâhi nist !* » (« Une telle action n'est pas juste ! »), tonne-t-il en demandant l'appui du public. Il mentionne la diversité des origines géographiques des victimes de l'attentat, comme pour symboliser l'unité du pays face à la violence aveugle. Il fait part de sa tristesse, mais enchaîne sur son espoir de voir le pays se développer : « 38 000 villages bénéficient enfin de projets de reconstruction. Le progrès est visible », commente-t-il en enchaînant sur une anecdote illustrant l'électrification du pays : « Je retournais à Kaboul en avion, de nuit, lorsque j'ai vu de nombreuses petites lumières au sol. "Où sommes-nous ?" ai-je demandé au pilote. "Nous survolons l'Afghanistan !", m'a-t-il répondu. Ce progrès a été possible grâce

Le développement rural...

à l'aide de la Communauté internationale [*jam'a-ye jehâni*], qui aide les Afghans, quand bien même ceux-ci ont commis toutes sortes d'atrocités. »

Plusieurs fois au cours de son discours, Karzaï passe au pachto avant de revenir au persan. Il mentionne le terrorisme international, Al-Qaida, les talibans, le processus lancé à la conférence de Bonn, la Constitution. Il rend hommage aux victimes du jihad, qui se sont accumulées année après année, et dont le sacrifice a rendu possible la victoire sur les Soviétiques. Il parle aussi de la migration, de la diaspora afghane à Londres, New York, Washington, Shahjah, Mashhad ou Islamabad, qui a privé le pays de ses forces vives : « Cela ne doit plus se répéter ! » Il affirme que l'Afghanistan est néanmoins « sur la voie du progrès » (*dar râh-e taraki*). Il en veut pour preuve le fait qu'il est maintenant possible de fabriquer des aiguilles à coudre. Il sort un stylo d'une poche de son gilet et l'exhibe fièrement à la foule en disant qu'il a été fabriqué en Afghanistan. Un homme se lève au milieu de la salle et prend la parole pour exprimer son enthousiasme. Karzaï interprète son origine et lui adresse des vœux en ouzbek. Applaudissements soutenus. Il continue sur sa lancée et montre un paquet d'interrupteurs électriques fabriqués à Hérat, puis un câble. Le président conclut son discours en proclamant qu'acheter des produits manufacturés en Afghanistan – et pas seulement des melons – est un acte patriotique. Sous les hourras de la foule, il descend de l'estrade, se dirige vers le public, serre des mains, se rend vers le coin des femmes pour les saluer en inclinant son buste avant de sortir. Il est 11h30.

L'usage alterné du persan et du pachto symbolise l'unité du pays, qui n'est dès lors pas présenté comme celui des seuls Afghans (terme historiquement réservés aux Pachtounes), mais aussi par la subtile hiérarchie des langues : le persan et le pachto se partagent les discours, avec quelques petites phrases prononcées en d'autres langues, leur accordent ainsi une place, quoique ancillaire, sur la scène nationale. Le discours présidentiel repose sur un équilibre délicat entre l'appel à la fierté nationale, qui se fonde sur une référence finalement assez discrète à la victoire sur l'Armée rouge, et la reconnaissance envers l'aide internationale. Par là-même, il illustre la tension entre le national et le supranational : en novembre 2007, Karzaï insiste beaucoup sur le second (il se réfère davantage à l'appui de la communauté internationale qu'à la résistance antisoviétique). Mais les choses vont changer avec les élections d'août 2009 : après s'être vu accusé d'avoir bénéficié de fraudes massives et orchestrées, Karzaï se repliera sur des valeurs nationales et se présentera de façon croissante comme le défenseur de la souveraineté de l'Afghanistan face aux ingérences occidentales.

La présence militaire et humanitaire internationale est un thème sensible sur la scène afghane. L'évolution des positions de Karzaï – au-delà des tactiques politiques liées à un contexte sans cesse changeant – exprime bien l'ambivalence d'une grande partie de la population du pays, qui oscille entre des attentes fortes envers l'extérieur et l'aspiration à une plus grande indépendance nationale.

Après la partie protocolaire qui a réuni l'ensemble des participants, les ateliers de discussion s'ouvrent.

Le développement rural...

La conférence du Programme de solidarité nationale est l'occasion pour des délégués venus représenter les Conseils de développement communautaire d'établir des contacts, de perfectionner leurs connaissances des procédures, d'échanger leurs réflexions, leurs remarques sur les points forts et les faiblesses du Programme. Mais je ne peux m'empêcher de penser qu'il s'agit aussi d'acquérir ainsi un *habitus* partagé avec des personnes œuvrant dans des structures similaires à travers le pays, et de renforcer ainsi le sentiment d'appartenir à un groupe sociologiquement particulier, auquel le président de la République s'adresse et qui se distingue de l'ensemble de la population par son engagement pour le développement. Les ateliers de discussion ou *workshops* (*grupkâri* ou *kâr-e grupi*, littéralement « travail de groupe ») sont le lieu par excellence où les subjectivités se construisent et se négocient selon des modalités inédites.

J'assiste le lendemain à l'un de ces ateliers. Habillé à l'occidentale, portant un veston mais pas de cravate, je m'assieds dans un coin sans intervenir. Ma présence ne suscite aucune curiosité particulière ou question, tant les membres des CDC semblent habitués à voir des experts en tout genre les accompagner dans leurs activités. L'organisation de l'espace hésite entre le cercle reproduisant les conseils villageois et la salle de cours où les élèves sont disposés en rang. Les participants aux *workshops* sont assis autour de tables disposées en fer à cheval orienté vers le *flipchart*, sorte d'autel duquel s'organise la cérémonie.

Un délégué de l'est du pays, portant un gilet, un *pakul* (le couvre-chef rendu célèbre par le commandant

Massoud) et des lunettes de soleil, ouvre la séance avec une longue prière en arabe, comme pour légitimer le discours qui va suivre. Il s'exprime ensuite en pachto. Un autre délégué prend la parole. Il commence également par une prière en arabe, plus courte, puis parle en persan : « *Khwârhâ-ye aziz, berâdarân-e gerami...* » (« chères sœurs, chers frères... »). Il se lance dans un discours exaltant la victoire des Afghans sur l'adversité et glorifiant la religion, avant de passer aux mérites du NSP, qui apporte des services directement à la population, scellant le lien avec le gouvernement.

La discussion porte ensuite sur les points à améliorer pour le futur, en particulier l'articulation entre les CDC et les autorités provinciales. Certains hommes portent le turban mais beaucoup sont tête nue. Plusieurs femmes sont présentes, strictement voilées, mais aucune ne porte de *burqa*, qui les envelopperait de la tête au pied. Elles prennent la parole ; les hommes les écoutent, en hochant la tête avec une déférence ostentatoire.

Hommes et femmes, représentants des Conseils de développement des communautés locales, fonctionnaires du ministère de la Réhabilitation rurale et du développement ou employés des partenaires facilitateurs, tous vantent le NSP lorsqu'ils prennent la parole, en déclarant que le Programme a apporté la démocratie au niveau des villages. Les expressions *wahdat-e mardom*, « l'unité du peuple », *taraki-ye mardom*, « le progrès du peuple », *bâzsâzi-ye watan*, « la reconstruction de la patrie », sont dans toutes les bouches, comme des mantras. La limite semble floue entre les membres des FP (Facilitating Partners)

Le développement rural...

et des CDC (Community Development Councils), et je comprends avec une certaine surprise que certaines personnes sont les deux à la fois.

La discussion s'organise autour d'un *flipchart*. Les animateurs du ministère et des ONG notent les principaux points abordés dans l'idée de les reporter aux instances directrices du Programme. Des petits groupes secondaires se forment toutefois assez rapidement. Les doléances ne tardent pas à se faire entendre. Les délégués se plaignent de ne pas recevoir des sommes suffisamment conséquentes pour réellement contribuer au développement de leurs régions d'origine et soulignent la nécessité de projets plus ambitieux pensés à un niveau supra-villageois (routes, hôpitaux de district, etc.).

Ce dernier point me frappe. Les manuels de développement américains et européens qui étaient publiés pendant la période de la guerre froide se référaient au Plan Marshall, qui visait à reconstruire les infrastructures détruites par la guerre, encourager l'épargne et dynamiser la production. Certes, le développement social et économique est l'un des trois piliers de la stratégie nationale de reconstruction de l'Afghanistan (les deux autres étant la sécurité et la gouvernance, l'État de droit et les droits humains). Cependant, au-delà des quelques exemples de produits manufacturés mis en avant par le discours de Karzaï, l'effort dominant semble plus consacré à éduquer les gens à la paix qu'à changer les conditions matérielles de leurs existences. C'est par la dynamique induite par le *workshop* que la société afghane est censée se transformer. Et, paradoxalement, c'est contre cette tendance que la voix des délégués essaie de se faire entendre en critiquant le biais localiste du NSP. Au-delà de leurs récriminations envers l'insuffisance des moyens, la plupart des délégués que je rencontre aspirent à ce que la reconstruction se concentre de façon plus énergique sur les infrastructures.

Au-delà du contenu des débats, des questions techniques à régler et des propositions d'amélioration, la manière dont ces ateliers sont organisés et conduits marque profondément les esprits des participants. La mixité entre genres n'est pas habituelle dans le monde rural afghan. Comme pour la rendre acceptable et gérer leur gêne, hommes et femmes redoublent de politesse mutuelle. Les délégués semblent négocier, par leurs manières corporelles et la terminologie qu'ils utilisent, une appartenance multiple. Ils sont présents en tant que membres de CDC, une structure de développement directement dépendante de l'aide internationale et non une entité administrative. Leur allégeance va certes au MRRD, et donc en théorie à l'État afghan, mais aussi aux experts de la Banque mondiale qui ont conçu le NSP et à la communauté internationale qui le finance.

Cette constellation n'est pas sans provoquer de subtiles modifications des modes de socialisation, des *habitus* dans la terminologie de Bourdieu[1], ces systèmes de dispositions durables, « structures structurantes » qui organisent les pratiques sociales et la perception de ces pratiques, mais aussi « structures structurées » qui sont influencées par la division de

---

1. Bourdieu, 1979, p. 191.

la société en diverses catégories. À l'itinérance des personnes correspond la circulation des techniques du corps. Les membres des CDC, les employés du MRRD et des diverses ONG partenaires (FP), tous les participants à ces workshops, au-delà de leurs différences de vues, s'accordent sur l'importance de reproduire le « champ » qui leur donne la possibilité de se retrouver à proximité immédiate du président de la République et de se réunir sous la tente de la *loya jirga*, une situation qui les valorise et leur apporte ressources et statut.

Le fait de participer aux activités liées au NSP suppose d'apprendre à maîtriser un vocabulaire nouveau et d'adopter des comportements inédits. Cela produit par là même de nouvelles distinctions sociales. En ce sens, les promoteurs du NSP ont des raisons de considérer que les *workshops* induisent des transformations sociales. Toutefois, ce processus prend place dans un contexte chargé de relations de pouvoir, où l'adhésion manifeste aux principes des bailleurs de fonds n'exclut pas l'insertion dans les structures segmentaires de solidarité ou les réseaux de redistribution mis sur pied par les partis et les commandants.

Lors d'une pause, je rencontre le représentant des CDC du district de Jaghori, où j'ai séjourné longuement. C'est un homme jeune, à la fine moustache attentivement taillée. Il porte un pantalon et un veston foncés, et une chemise blanche immaculée. Il vient d'ouvrir un café internet dans un des principaux bazars du district. Il a passé plusieurs années entre l'Iran et le Pakistan. Il s'est frotté à l'usage d'internet en Indonésie, où il s'était rendu dans l'espoir

– non couronné de succès dans son cas – de passer clandestinement en Australie, comme de nombreux Afghans. Ayant été socialisé et scolarisé à l'étranger, littéralement connecté avec le monde global par ses activités professionnelles, ce membre des Conseils de développement communautaire incarne l'émergence d'une classe d'hommes et de femmes dont les activités sociales et politiques sont liées aux ressources – matérielles et immatérielles – mises à disposition par la présence d'organisations internationales et non gouvernementales.

Le NSP n'est pas seulement une matrice où les subjectivités se renégocient, une source d'avantages matériels et de prestige. Il est également un reflet des jeux de pouvoir qui se déploient au niveau national. La légitimité politique est en partie liée à la capacité à capter et redistribuer les ressources de l'aide internationale. Pendant la conférence, j'entends dire que certains représentants du ministère de la Réhabilitation rurale et du développement (MRRD) et du ministère de l'Agriculture se disputent : ceux-là reprochent aux seconds leur passivité ; ceux-ci – appuyés par leurs collègues du ministère de l'Intérieur – accusent les premiers d'être grisés par leurs relations privilégiées avec les bailleurs de fonds internationaux et d'outrepasser leurs prérogatives. En effet, le MRRD cherche à transformer les Conseils de développement en outils de gouvernance locale alors que le ministère de l'Intérieur considère qu'une telle évolution n'est pas prévue dans la Constitution et empièterait sur les prérogatives des structures administratives existantes. Le contraste s'incarne aussi bien dans les locaux des deux ministères que dans l'apparence et la gestuelle de leurs fonctionnaires ; il est d'ailleurs riche en enseignement pour comprendre l'importance de l'accès aux fonds de la communauté internationale dans les rapports sociaux.

Le ministère de l'Agriculture se trouve à Kart-e Sakhi, dans un ancien bâtiment sur lequel les stigmates de la guerre sont encore visibles en 2007. Les mesures de sécurité relativement légères illustrent la marginalité de cette institution. Les clercs présents semblent se réjouir de la venue d'un visiteur, qui leur offre l'occasion d'échanger quelques propos autour d'une tasse de thé. En revanche, le ministère de la Réhabilitation rurale et du développement occupe un ensemble neuf au sud de la ville de Kaboul, non loin de l'ancien palais de Darul Aman, construit dans les années 1920 par le roi réformateur Amanullah. L'accès est protégé par des mesures de sécurité dignes d'un aéroport occidental. L'atmosphère y est toute différente : les bâtiments sont situés dans un parc bien entretenu, et de jeunes technocrates à la moustache et au veston bien taillés semblent constamment courir entre deux rendez-vous.

Ces deux lieux et les fonctionnaires qui les animent viennent souligner l'hétérogénéité de l'appareil étatique afghan et illustrent l'intégration différenciée des divers ministères dans les réseaux de redistribution globale. Le MRRD attire de nombreux fonds à travers le Programme de solidarité nationale et d'autres projets de reconstruction. Il constitue un lieu de pouvoir plus important que le ministère de l'Agriculture. Ni l'État afghan ni les Nations unies n'apparaissent comme des entités monolithiques.

Chaque ministère est dans le giron d'un parrain différent parmi les organisations internationales, découpage qui se diffracte souvent à l'intérieur même des ministères.

Le différend autour du rôle des Conseils de développement communautaire entre le ministère de la Réhabilitation rurale et du développement et le ministère de l'Agriculture a connu un dénouement imprévu par le décret présidentiel daté du 30 août 2007, qui crée le Département indépendant pour la gouvernance locale (Independent Directorate for Local Governance, ou IDLG). Cette décision témoigne de la volonté de Hamid Karzaï de centraliser le pouvoir. La responsabilité de superviser les gouverneurs de province, les chefs de districts, les conseils provinciaux et municipaux a été retirée au ministère de l'Intérieur et confiée à la nouvelle structure, avec la mission explicite de développer les liens entre la population et le gouvernement ainsi que d'améliorer les prestations de service au niveau infranational. Avec l'IDLG, Karzaï désavoue également les ambitions du ministère de la Réhabilitation rurale et du développement. Certains responsables de la nouvelle entité, étroitement liés à Karzaï, reprochent au MRRD de faire cavalier seul et de ne pas coordonner son action avec le reste du gouvernement. Ils sont opposés à l'idée de voir les Conseils de développement se transformer en structures administratives de gouvernance locale et s'en tiennent au texte de la Constitution de 2004, qui prévoit des élections générales, libres, directes et à bulletin secret des Conseils de village, des Conseils de district et des Conseils municipaux pour une durée de trois ans[1].

Assez ironiquement, une dizaine d'années plus tard, ces instances locales ne sont toujours pas réellement entrées en fonction. Les difficultés politiques et logistiques sont telles que même les élections législatives nationales, supposées se tenir en 2015 pour élire les membres de la chambre basse du parlement, ont été repoussées à l'été 2018. Dans les faits, l'État afghan est une structure centralisée où la dévolution du pouvoir aux entités régionales et locales reste très limitée.

Au-delà des discours prônant l'amélioration de la coordination de la reconstruction, la promotion de la bonne gouvernance, de la sécurité, du développement et de la croissance économique, la création du Département indépendant pour la gouvernance locale reflète la volonté présidentielle de travailler en étroite coopération avec les élites des provinces, dans l'espoir de stabiliser les régions rurales du pays, plutôt qu'en s'appuyant sur des hommes et des femmes convaincus des bienfaits de la démocratie et des droits de l'homme. Ce changement de cap n'a néanmoins pas empêché la coexistence de différentes stratégies. Au moment même où Hamid Karzaï loue le soutien de la communauté internationale lors de la Conférence nationale du NSP en novembre 2007, il manœuvre en coulisse pour constituer une large coalition en vue des futures élections présidentielles. Ce réalignement

---

1. Voir plus particulièrement l'article 137-141 de la Constitution afghane de 2004 (Islamic Republic of Afghanistan, Office of the President : http://president.gov.af/sroot_eng.aspx?id=68).

des alliances politiques est apparu clairement lorsque Karzaï a réussi à s'assurer le soutien de plusieurs leaders historiques de la guerre qui lui avaient été auparavant hostiles, tels qu'Abdul Rashid Dostum ou Haji Mohammad Mohaqiq.

Après les élections présidentielles d'août 2009 marquées par des allégations de fraude massive, de nouvelles tensions apparaissent entre Karzaï et les puissances étrangères présentes en Afghanistan et s'accompagnent d'un changement de ton entre le gouvernement afghan et ses protecteurs internationaux. Dans ce climat politique versatile, l'élan pris par le NSP retombe. Les mérites du Programme sont vantés de façon ininterrompue par le gouvernement et les donateurs au cours des trois phases qui se sont succédé entre 2003 et 2017. Mais son importance politique semble amoindrie dans ce contexte de refonte et de renégociation des alliances, jusqu'à son remplacement par un nouveau programme, la Charte des citoyens (Citizens' Charter National Priority Program), qui s'appuie sur les structures léguées par le NSP, en particulier les Conseils de développement communautaire[1].

Le cas du NSP montre cependant que l'aide à la reconstruction fait partie du jeu politique en Afghanistan. Le Programme est l'un des nombreux « plans destinés à améliorer la condition humaine » étudiés par James Scott[2]. C'est une illustration de plus de

---

1. Voir http://www.mrrd.gov.af/en/page/69/citizens-charter/introduction et http://projects.worldbank.org/P160567?lang=en, consultés en octobre 2017.
2. Scott, 1998.

Le développement rural...

« cette volonté d'améliorer » décrite par Tania Murray Li[1]. La logique de ce type de programme de développement est de convaincre plutôt que de contraindre, ce qui donne tout son sens au concept de « gouvernementalité » développé par Michel Foucault, c'est-à-dire comme le « gouvernement des mentalités ». Cette volonté d'améliorer se traduit explicitement par des projets articulés en deux phases qui correspondent aux principales tâches des CDC : la première consiste à identifier les besoins et les problèmes qui nécessiteraient une intervention et la seconde, à retranscrire ces problèmes en termes techniques. Au cours de ce processus, les problèmes perdent leur caractère politique. Dans son analyse d'un projet agricole au Lesotho, James Ferguson[2] observe ainsi que les rouages du développement constituent une « machine antipolitique » qui ne s'attaque pas aux questions politico-économiques liées au contrôle des moyens de production et à la structure des inégalités. Le NSP ne vise ainsi pas tant à transformer les conditions matérielles de la vie sociale qu'à éduquer les corps et les esprits.

Dans leur planification, autant qu'au cours de leurs interventions, les experts humanitaires et du développement ont tendance à négliger la relation politique qui produit et reproduit des inégalités de statut, de richesse et de pouvoir. « Ils s'intéressent plus aux capacités des pauvres qu'aux pratiques qui permettent à un groupe social d'en appauvrir un autre[3]. » La pauvreté

---

1. Li, 2007.
2. Ferguson, 1994.
3. Li, 2007, p. 7.

est envisagée comme une situation malheureuse plutôt que le résultat d'une relation asymétrique. Ainsi, l'assistance apportée aux personnes vulnérables est suffisante pour les doter d'une certaine capacité d'action. Éduquer et former les gens devient plus important que de changer les rapports sociaux. Les programmes de développement ne sont pas des projets non aboutis, mais des fragments de réalité qui induisent des conséquences notables sur la vie sociale de millions de personnes de par le monde.

Dans l'esprit de ses auteurs, le but essentiel du NSP est de renforcer la capacité d'action des communautés locales et de leur donner la possibilité de définir leurs propres priorités de développement. Au-delà de l'apologie généralement entendue dans les discours officiels des différents partenaires institutionnels, on peut s'interroger sur les conséquences réelles que les nombreux projets mis en œuvre ont sur la vie quotidienne des Afghans. Il ne fait pas l'ombre d'un doute que des ponts ont été construits et des puits creusés grâce aux ressources du NSP. Mais le programme a-t-il créé des conditions de vie meilleures pour les populations rurales ? A-t-il apporté plus de justice sociale ou plus d'égalité politique et économique ? A-t-il favorisé le principe de transparence et encouragé la participation des populations ?

Toutefois, la portée et le sens d'un projet comme le NSP ne se limitent pas à ses seules motivations initiales. Il s'agit de le considérer au-delà de son succès ou de son échec en termes de reconstruction et développement post-conflit. Inspiré par l'idéal de promouvoir une forme de décentralisation et de donner aux groupes

Le développement rural...

locaux la capacité de mettre en œuvre leurs projets, le Programme a paradoxalement contribué à étendre aux régions rurales un dispositif bureaucratique combinant des éléments nationaux et internationaux. Au moment de l'élection présidentielle de 2004, Hamid Karzaï a largement manifesté son soutien au NSP. Ce dernier semble avoir perdu son aura initiale avec la renégociation des alliances qui précéda l'élection de 2009. En dépit de cette évolution, le NSP a servi d'outil au gouvernement central pour se rendre plus visible au niveau local. Comme un interlocuteur Afghan m'a dit un jour avec une certaine désillusion détachée, « ce fut une subvention de la communauté internationale à la première campagne présidentielle de Karzaï ».

Handicapé à la fois par sa dépendance envers la présence étrangère et les progrès de l'insurrection, le pouvoir étatique demeure fragile en Afghanistan. Mais le Programme de solidarité nationale est l'un des rouages de la vaste machine humanitaire et de développement qui reconfigure la subjectivité des populations, transforme les relations sociales et les aspirations de chacun, introduit de nouvelles terminologies et techniques du corps. Il constitue une expérience particulière de socialisation. Les ateliers de discussion organisés à différents niveaux par le NSP s'efforcent de cibler des personnes entreprenantes pressenties pour devenir les acteurs du changement social en transmettant certaines valeurs à leurs communautés locales. Au-delà de leur dimension purement technique, ces ateliers propagent effectivement des principes tels que la démocratie participative, le rejet de la corruption et l'égalité de genre.

Homo itinerans

Si l'on s'inspire de la réflexion de Ferguson et Gupta[1] sur la gouvernementalité transnationale, l'idée qu'il existe une relation verticale entre l'État, la société civile, les communautés locales et les familles est trompeuse. L'ancrage populaire de beaucoup d'associations formant la soi-disant « société civile » est bien léger comparé au degré de dépendance envers leurs sponsors internationaux. Apparemment organisées en structures horizontales s'étendant par-delà les frontières internationales, ces associations et leurs dirigeants ont pleinement adopté le discours sur les droits de l'homme, l'émancipation féminine, la démocratie et la transparence. La question délicate de leur représentation populaire et de leur légitimité est passée sous silence. Même si les programmes qu'ils mettent en œuvre diffèrent largement de l'organisation centralisée décrite par Scott[2], on se rend compte que le projet moderniste de rationaliser la vie humaine n'appartient plus exclusivement aux États, mais qu'il est assumé de façon croissante par des réseaux transnationaux qui adoptent des pratiques de type étatiques dans différents espaces politiques.

L'existence de ressources alternatives, voire compétitives, qui interviennent dans le cadre des luttes politiques et sociales, contribue à l'émergence de souverainetés multiples et segmentées, en Afghanistan comme dans d'autres pays en Asie et en Afrique, mais aussi en Amérique et en Europe. Les institutions transnationales mettent en œuvre des programmes de type

---

1. Ferguson & Gupta, 2002.
2. Scott, 1998.

étatique, contribuant ainsi à l'émergence de « formes de souveraineté multiples et superposées »[1].

Comme tout projet de développement, le Programme de solidarité nationale ne doit pas seulement être compris ou évalué en fonction de ses buts explicites. Il promeut une structure pyramidale de gouvernance qui dépasse les frontières de l'Afghanistan et canalise des ressources dont la circulation transnationale cristallise les jeux de pouvoir entre les grandes figures de la scène politique nationale. De façon plus subtile toutefois, il signifie les échelles spatiales telles qu'elles sont perçues et pratiquées par les acteurs sociaux. En étant attentif aux échanges verbaux et aux techniques du corps compris dans des contextes chaque fois particuliers, on place les dynamiques globales au cœur des interactions les plus quotidiennes sans réduire celles-ci à de simples reflets de logiques plus amples.

---

1. Hansen & Stepputat, 2006, p. 309.

CHAPITRE 5

La vie au village : un chevauchement de solidarités et de conflits

« Ils [les nomades] parlent la même langue que nous, mais ce sont des sauvages ! »
Un villageois pachtoune, province de Ghazni

Au cours de l'été 2004, je retourne à Dahmarda. J'y avais passé du temps au milieu des années 1990 lors de mes premières recherches de terrain en Afghanistan. Cette petite vallée, donnant sur la rive gauche du fleuve Arghandab qui coule jusqu'à Kandahar, est rattachée au district majoritairement hazara de Jaghori (province de Ghazni). Elle est bordée de montagnes qui dépassent de peu les 3 000 mètres et fermée en aval par des gorges.

Malgré l'importance des flux migratoires, la pression démographique reste très importante dans cette région. Pratiquer l'agriculture y est difficile et chaque parcelle de terre arable est exploitée. Les champs sont aménagés en petites terrasses irriguées par des *kârez*, ces canaux qui captent les eaux souterraines. Le paysage est agrémenté de quelques vergers. On y cultive principalement du blé, des haricots, des fruits (pommes, abricots, mûres), des amandes et des noix. Mais l'économie locale fonctionne surtout grâce aux contributions financières rapportées par les hommes travaillant dans les mines de charbon de la région de Quetta au Pakistan ou occupant des emplois manuels en Iran.

Dahmarda constitue presque une enclave ethnique entourée par les districts de Gelan, Shahjoy et Arghandab, peuplés essentiellement de Pachtounes. Lors de mes précédents séjours, la petite vallée était le théâtre de profondes tensions internes. Les deux factions qui se disputaient la prééminence locale en étaient venues aux armes. Différentes escarmouches et assassinats ciblés avaient provoqué en 1996 la mort d'une douzaine d'hommes[1]. Je suis ému de revenir sur mes pas, mais aussi vigilant. J'ai rencontré la plupart des acteurs du conflit à de multiples reprises pour conduire des entretiens. Mais, ce niveau d'interconnaissance ne me rassure pas, au contraire. Ils savent que j'ai des informations potentiellement compromettantes à leur sujet. Certes, ils savent aussi que je suis en contact avec les principaux commandants hazaras au niveau national ; me faire du tort ne servirait probablement pas leurs intérêts.

Je retrouve la famille de Mohammad Hasan, où j'ai souvent été logé par le passé. Son père, Akram Ali, s'est bien affaibli. Lui que j'avais connu autoritaire mais jovial prend ses repas à part, parle peu,

---

1. Monsutti, 2004.

La vie au village...

semble renfrogné. Il ressasse à longueur de journée la seule chose qui semble encore lui tenir à cœur : effectuer le grand pèlerinage à La Mecque. Il est en froid avec son fils, qui lui reproche de vouloir gaspiller les rares ressources familiales pour une lubie de vieillard sentant sa fin arriver. En effet, des macules couvrent son visage, ses mains et ses avant-bras. Ce sont les premiers symptômes de la lèpre.

Un après-midi, assis dans une échoppe du bazar – alignement de boutiques qui joue un rôle central dans la vie sociale des villageois –, je bavarde de choses et d'autres avec les quelques personnes présentes. Une rumeur venue de la rue trouble notre conversation. Des hommes et quelques femmes arrivent à pied par petits groupes. Leur habillement et leur apparence générale me fait tout de suite comprendre qu'il s'agit de Pachtounes. Je suis inquiet. Que se passe-t-il ? Est-ce le prélude à l'un de ces déchaînements soudains de violence auxquels j'ai déjà assisté en Afghanistan ? Mais ils sont hagards, sans bagage. Ils ne sont pas menaçants, bien au contraire. Ils ont besoin d'aide. L'un d'eux accompagne Hasan à la maison. Je comprends qu'il habite un village plus bas dans la vallée de l'Arghandab. Les deux hommes se connaissent. Nous nous installons dans la grande pièce, Hasan, son père, quelques parents et voisins. Je m'accroupis un peu en retrait, silencieux, sur le qui-vive. Que doit penser cet homme de moi ? Malgré ma barbe, mon calot rond sur la tête et mes vêtements locaux, je ne prétends pas pouvoir passer pour un autochtone.

Mais le visiteur est trop excité pour prêter grande attention à mon égard. Ne s'interrompant que pour aspirer bruyamment le thé brûlant qu'on lui a servi, il raconte comment des nomades (les Kuchis, comme ils sont immanquablement dénommés aujourd'hui par les milieux humanitaires en Afghanistan), des pachtounophones comme lui, ont attaqué son hameau et mis le feu à plusieurs *qal'a*, ces fermes fortifiées où logent diverses unités domestiques apparentées en ligne paternelle. Il les accuse d'être armés par les talibans et de vouloir accaparer les terres des villageois : « Ils parlent la même langue que nous, mais ce sont des sauvages ! »

Ces propos, que je ne peux vérifier, provoquent la sympathie des Hazaras qui l'entourent, agriculteurs sédentaires comme lui. Nous partageons un plat de haricots rouges avant de nous installer pour la nuit. L'étiquette veut qu'on ne laisse jamais seuls les invités, en l'occurrence lui et moi. Règle de politesse, tout d'abord : ils pourraient avoir besoin de quelque chose. Règle de sécurité, ensuite : ils représentent une potentielle perturbation de l'espace domestique, où les femmes doivent pouvoir évoluer librement. Nous dormons ainsi à cinq ou six, côte à côte, sur des *toshak*, minces matelas que l'on plie et empile chaque matin dans un coin de la pièce.

Une semaine plus tard, je me trouve à nouveau au bazar. Le ciel est couvert, comme rarement dans la région. On peut entendre distinctement en provenance de la vallée, en aval, un bruit mécanique qui se fait de plus en plus distinct. Je suis à nouveau aux aguets. Mais l'atmosphère générale est plus à la réjouissance qu'à l'inquiétude. Un convoi militaire s'approche, une patrouille conjointe de l'armée afghane et des forces américaines.

La vie au village...

Je préfère ne pas avoir affaire à eux. Comment expliquer ma présence dans ce village des franges du Hazarajat à un militaire venu du Nebraska ou du Tennessee ? Je passe entre deux boutiques et m'éloigne discrètement. Assis en hauteur sur un rocher, j'ai la surprise de reconnaître le visiteur pachtoune de l'autre soir juché sur un véhicule blindé léger. Il saute à terre, évolue librement au milieu des soldats afghans et américains, à qui il présente les notables locaux qui s'approchent. Une foule de curieux se presse dans la seule rue du bazar, les enfants piaillent d'excitation. Je reste à distance et demeure à mon poste d'observation. Mais l'ambiance est détendue. Ici, villageois pachtounes et hazaras, soldats nationaux et étrangers ont tous le même ennemi.

La variable ethnique est souvent utilisée par les politiques et les militaires mais aussi par les journalistes pour analyser les conflits contemporains, qui ne s'inscrivent plus dans la logique polarisée de la guerre froide. Du Rwanda à l'ex-Yougoslavie en passant par l'Irak, l'explication communautariste est invoquée de façon récurrente. L'Afghanistan n'a pas échappé à cette tendance. Les soldats et les travailleurs humanitaires étrangers apprennent vite à corréler identités ethniques et alliances politiques : les Tajiks sont les partisans du feu commandant Massoud ; les Pachtounes sont suspectés d'avoir de la sympathie pour les talibans ; les Hazaras sont pro-Iraniens...

Pourtant, si la dimension identitaire n'est pas absente du conflit, elle n'explique pas la subtilité des jeux politiques. Par sa fragmentation même, la société afghane a évité la constitution de grands blocs – à base ethnique, régionale ou religieuse – qui s'affronteraient de façon sanglante. Certes, chacune des parties en présence recrute majoritairement parmi les Pachtounes pour les uns, parmi les Tajiks pour les autres, ou encore parmi les Hazaras ou les Uzbeks. Mais ce facteur ne doit pas faire oublier l'importance des intermédiaires, des courtiers politiques, qui permettent à deux camps de se combattre tout en restant en communication. Des logiques similaires sont à l'œuvre aux niveaux local et national. À la diversification des activités économiques et des parcours migratoires[1], correspond la diversification des alliances politiques : pour répartir les risques, les membres des groupes de parenté et de voisinage évitent le plus souvent de tous s'affilier au même parti ; chacun s'efforce au contraire de développer des contacts parmi ses adversaires politiques ou militaires. Ainsi, trois frères de Dahmarda – Mardan Ali, Mohammad Ali et Aziz Ali – m'expliquent comment ils se sont concertés avant d'effectuer un choix politique différencié : le premier a rejoint le Hezb-e islami, un parti qui recrute surtout parmi les Pachtounes, le deuxième s'est engagé dans le Nasr et le troisième dans le Sepah, deux groupes khomeyniste que la proximité idéologique n'a pas empêché de lutter âprement pour la prééminence locale. Dans un contexte d'insécurité et d'incertitude, leur but explicite était d'avoir dans tous les cas au sein de la faction victorieuse un membre de la fratrie, dont le rôle serait de protéger les éventuels perdants.

1. Voir Monsutti, 2004.

La vie au village...

Au cours de l'histoire passée et récente de l'Afghanistan, le ciment des coalitions politiques n'a ainsi jamais été d'ordre ethnique. L'anecdote relatée en début de chapitre n'est pas isolée. Les groupes ethniques – Pachtounes, Hazaras, Tadjiks... –, pas plus que les catégories socioéconomiques – agriculteurs sédentaires de montagne, pasteurs nomades, artisans et commerçants –, ne représentent des ensembles cohérents à partir desquels il est possible d'expliquer l'action sociale et les processus de mobilisation politique. Loin d'être des acteurs collectifs homogènes, caractérisés par un ensemble de traits culturels qui leur sont propres, les groupes ethniques représentent une « forme d'organisation sociale » où ce ne sont pas les différences objectives qui sont déterminantes mais ce que les acteurs eux-mêmes considèrent comme significatif[1]. L'identité est une construction sans cesse renouvelée et renégociée, un processus politique et non un donné culturel. Les frontières sont maintenues par un certain nombre d'emblèmes, voire de stéréotypes, qui rendent manifestes les appartenances et les exclusions, et qui puisent dans différents registres : affiliation religieuse, occupation socioprofessionnelle, apparence physique, habillement, alimentation, etc.

Les situations de conflit constituent le cadre privilégié de l'émergence et du renforcement des distinctions ethniques. En effet, les anciennes complémentarités socioéconomiques s'estompent et les logiques de confrontation pour le contrôle des ressources naturelles et économiques deviennent prépondérantes.

1. Barth, 1995.

Une certaine division du travail et la répartition en niches écologiques et économiques distinctes disparaissent. Les « agents du changement », les « nouvelles élites » peuvent en tirer profit en faisant usage de l'identité pour asseoir leur influence sur un segment de la société. À la faveur de la guerre, instrumentalisée par des élites désireuses d'élargir leur base de recrutement, la référence à l'ethnicité est devenue de plus en plus saillante. La dimension ethnique d'un conflit, que ce soit en Afghanistan ou ailleurs, est ainsi plus un facteur qui doit être expliqué qu'une explication en elle-même.

Le prisme ethnique n'offre donc pas à mes yeux une clé de lecture pertinente du conflit afghan[1]. Cependant, cette critique ne doit pas conduire de façon concomitante à idéaliser le groupe local comme le niveau primordial de solidarité. Le cas de Dahmarda illustre à quel point la violence peut se déchaîner au sein d'une entité territoriale. Des logiques multiples caractérisent la politique de la vallée. Reflétant ce qui se passe dans l'espace national, les villageois forment des alliances temporaires dans leurs efforts de s'assurer l'accès aux ressources – que ce soit la terre, l'eau, les armes ou les projets humanitaires – puis les dissolvent en fonction de la manière dont la situation sociale, politique et économique évolue.

Considérant la situation d'insécurité et la complexité qui caractérisent une vaste proportion du territoire afghan, les organisations internationales et

---

1. Pour une critique plus développée de la clé de lecture ethnique, voir Tapper, 1988, et Schetter, 2003.

La vie au village...

non gouvernementales n'ont qu'un accès indirect au monde rural. Elles adoptent le plus souvent un mode d'action à distance à travers des partenaires. C'est bien le cas du Programme de solidarité nationale – le NSP –, dont nous avons suivi les délégués locaux à Kaboul au chapitre précédent.

Durant ses quatorze années d'existence (2003-2017), le Programme est principalement financé par la Banque mondiale via le Fonds pour la reconstruction en Afghanistan (ARTF)[1] et géré par le ministère de la Réhabilitation rurale et du développement (MRRD). Sa mise en œuvre est assurée dans chacun des districts par une trentaine de partenaires (Facilitating Partners, ou FP), qui comprennent une agence des Nations unies (UN-Habitat), une vingtaine d'ONG internationales et une poignée d'ONG nationales[2]. Véritable empire bureaucratique employant plus de 4 000 personnes, le Programme a pour objectif de mettre à disposition des populations rurales et sans intermédiaire des financements pour la reconstruction en formant des Conseils de développement communautaire locaux (CDC). Les membres de ces conseils sont en principe élus démocratiquement à scrutin secret et leur fonction est de gérer les projets de développement locaux. Selon la rhétorique officielle :

> Le Programme de solidarité nationale (NSP) a été créé par le gouvernement afghan pour développer la capacité des communautés à identifier, planifier, gérer et

---

1. Trois phases se sont succédé pour un budget total de plus d'un milliard et demi de dollars.
2. Voir http://www.nspafghanistan.org/facilitating_partners.shtm.

contrôler leurs propres projets de développement. Le NSP soutient un nouveau modèle de développement où les communautés sont mandatées pour prendre les décisions et gérer les ressources pendant toutes les phases du projet. Il posera les fondements d'un modèle de gouvernance locale durable et inclusif pour la reconstruction rurale et la réduction de la pauvreté[1].

La structure du NSP est pyramidale et chaque étape de la mise en œuvre ainsi que chacun des partenaires sont théoriquement soumis à un contrôle et à une évaluation rigoureux. Le NSP prévoit plusieurs phases : la mobilisation de la communauté pour l'élection du Conseil de développement, le renforcement des capacités des membres du Conseil et plus généralement de la population locale, la préparation d'un plan de développement et la soumission pour accord des différents projets, et enfin la mise en œuvre des projets eux-mêmes. Assisté et guidé par le partenaire facilitateur, le Conseil est chargé de préparer un plan de développement communautaire qui énonce les priorités et propose des activités concrètes. Le Programme réunit divers acteurs institutionnels. La Banque mondiale n'étant pas représentée au niveau des villages ruraux, elle sous-traite à des ONG spécialisées. Ces dernières sont officiellement désignées au cours d'un processus compétitif, créant ainsi un système de patronage et de relations de pouvoir à l'échelle nationale.

Une série de mesures a été prévue pour assurer la participation des femmes à toutes les étapes du pro-

---

1. National Solidarity Programme, 2006.

La vie au village...

cessus (élection, prises de décision, mise en œuvre du projet). Un accord tripartite doit être signé entre les Conseils de développement communautaire, les partenaires facilitateurs concernés et le bureau provincial du ministère de la Réhabilitation rurale et du développement. Seuls deux types de projets sont sélectionnés : ceux portant sur l'amélioration des infrastructures (alimentation en eau, assainissement, irrigation, facilités médicales, écoles, gestion de l'environnement) et ceux ciblant le développement du capital humain. Le Programme de solidarité nationale ne finance pas la construction ou la réhabilitation de bâtiments publics ou religieux. Une communauté peut recevoir 10 000 afghanis par famille (environ 200 US $) pour une somme totale maximale de trois millions d'afghanis (environ 60 000 US $). Afin de maximiser les rentrées, les populations locales ont ainsi intérêt à former des communautés d'une taille inférieure à trois cents familles. Les Afghans définissent le foyer comme réunissant ceux qui mangent la nourriture cuite dans la même casserole, ce foyer comprend généralement plus de deux générations. Les documents officiels du Programme ont cependant adopté une définition de la famille comprenant uniquement « le mari, la femme (ou les femmes) et les enfants non mariés, ou encore un parent seul (mère ou père) et ses enfants non mariés », faisant ainsi preuve d'un surprenant manque de sensibilité au contexte culturel afghan.

Pour beaucoup, acteurs ou observateurs, le Programme de solidarité nationale génère des effets positifs. Parmi les nombreux rapports vantant les mérites du Programme, celui de Nixon (2008) insiste sur la nécessité de dépasser la distinction entre gouvernance et développement. Les CDC sont présentés comme ayant le potentiel suffisant pour assumer plus de responsabilités, même si des questions logistiques restent à résoudre. À cette fin, il serait nécessaire d'officialiser le rôle des CDC au-delà de celui qui lui est conféré par le Programme et de les encourager à devenir de véritables institutions de gouvernance au niveau local. Une vaste littérature grise s'est développée pour proposer des améliorations techniques visant à renforcer la participation des femmes, à limiter les interférences des commandants issues de la résistance antisoviétique, à assurer un véritable processus de consultation.

Rares sont les voix qui ont exprimé du scepticisme face à la structure et aux buts du NSP. Même si elle a travaillé pour la même institution de recherche que Nixon (Afghanistan Research and Evaluation Unit[1]), Murtazashvili[2] considère ainsi la simple élection des CDC comme insuffisante pour créer des conditions de responsabilité et de transparence. Bien que la légitimité des conseils de développement soit supposée provenir de la population locale, l'existence même de ces conseils dépend de l'apport de ressources fournies par la Banque mondiale et canalisées par le MRRD et les partenaires facilitateurs. Les CDC entrent dès lors en compétition avec des institutions préexistantes, telles que les assemblées des chefs de famille qui avaient démontré leur relative efficacité pour arbitrer les disputes et fournir des services publics.

1. www.areu.org.af/.
2. Murtazashvili, 2016.

La vie au village...

En identifiant des communautés bénéficiaires, le Programme de solidarité nationale produit un nouveau découpage du territoire afghan et modifie les principes d'organisation sociale qui préexistent. L'idéal de communauté et de démocratie participative porté par le Programme est fondé sur les vertus supposées de la société civile. Il cadre mal avec l'organisation sociale du monde rural en Afghanistan. Les groupes locaux sont des arènes politiques caractérisées par une intense compétition pour les rares ressources et par les luttes de pouvoir entre différents acteurs politiques.

Reprenons l'exemple du district de Jaghori, situé à l'est de la province de Ghazni, aux franges méridionales du Hazarajat. Les frontières officielles ne sont pas précisément définies. Selon les discours, les représentations locales mais aussi les pratiques sociales, le district est divisé en un peu plus de vingt régions (*manteqa*), bien que celles-ci n'aient jamais été officiellement reconnues. Chaque *manteqa* est composée de plusieurs hameaux (*qaria*) éparpillés à proximité des terres irriguées. La majeure partie de ces *qaria* est habitée par plus d'un groupe de filiation, mais presque aucun groupe de filiation ne se trouve entièrement concentré dans un seul et même hameau. En d'autres termes, parenté et résidence ne sont pas congruents.

Les habitants de la région sont liés par de nombreuses obligations qui se chevauchent. Tout d'abord, l'appartenance à un lignage patrilinéaire impose un certain nombre d'obligations comme la vengeance, l'assistance financière mutuelle (notamment pour réunir le prix de la fiancée à l'occasion d'un mariage), ou encore la participation aux cérémonies communautaires. En bref, il s'agit des obligations procédant d'une solidarité diffuse et du sentiment d'être lié par le même destin. Les autres relations de parenté (par les femmes, mères, sœurs et épouses) sont généralement moins exigeantes et plus souples.

Deuxièmement, les habitants d'un même hameau partagent généralement un ou deux canaux d'irrigation dont l'entretien est à leur charge et dont les eaux sont distribuées selon un calendrier préétabli. Ces droits d'accès à l'eau sont transmis de génération en génération avec les terres et ont été successivement divisés entre les héritiers depuis la construction du canal. Si cette étroite coopération et interdépendance peut engendrer des conflits, elle impose néanmoins des concessions. Troisièmement, plusieurs hameaux ont la possibilité de s'associer pour entretenir un lieu de rencontres à but religieux (les *membar*) et rétribuer un mollah qui se chargera de la lecture du Coran et de l'enseignement religieux.

À Jaghori, en plus de ces différents liens de solidarité, les problèmes de sécurité conditionnent au quotidien les relations sociales. La région a été relativement préservée des combats pendant l'occupation soviétique. En revanche, comme tout le reste du Hazarajat, le district a été affecté par des bouleversements sociopolitiques profonds et des conflits locaux violents. Les querelles sont d'autant plus meurtrières que chaque groupe dispose d'armes à feu (fusils automatiques, lance-roquettes et lance-flammes). La région a connu une guerre sans pitié au début des années 1980 entre deux groupes opposés : d'un côté les intellectuels laïques fréquemment issus de familles aisées et

La vie au village...

liés aux partis d'inspiration maoïste, de l'autre les militants khomeynistes généralement issus de milieux sociologiques plus modestes et souvent formés en Iran. Ces derniers ont pris le contrôle d'une majeure partie de la région du Hazarajat au début des années 1980. Malgré leur proximité idéologique et en dépit de leur victoire sur l'ennemi commun, les deux mouvements inspirés par Khomeyni, le Sazman-e Nasr (Organisation de la victoire) et la Sepa-ye Pasdaran (Armée des gardiens), se sont également cruellement affrontés pour le pouvoir.

L'Armée rouge s'est retirée d'Afghanistan en 1989. Craignant d'être exclus des négociations de paix, les dirigeants hazaras ont considéré que l'unité était le seul chemin vers le salut. En raison des bouleversements passés, cette unité ne pouvait se construire que sur une nouvelle base idéologique, celle de l'identité hazara. Avec le soutien actif de l'Iran, les principales factions chiites se sont efforcées d'oublier les désaccords passés pour former un vaste mouvement unitaire : le Hezb-e Wahdat-e Islami-ye Afghanistan (Parti de l'unité islamique de l'Afghanistan). Même si la direction du parti est restée aux mains des dirigeants religieux, il a également intégré bon nombre d'intellectuels laïques (soldats, médecins, ingénieurs et enseignants). Ces derniers se sont rendus indispensables et ont acquis un rôle plus important en créant des ONG chargées de programmes de santé, d'éducation ou de construction de routes.

En oblitérant ce passé récent marqué par les conflits, le Programme de solidarité nationale a l'ambition de promouvoir un niveau de collaboration idéale qui ferait converger les intérêts de tous. Considérant que les commandants de la résistance antisoviétique et plus généralement les acteurs du conflit sont discrédités auprès de la population, les promoteurs du programme visent à renforcer la solidarité communautaire et faciliter l'apparition d'une nouvelle classe de notables acquis aux valeurs des donateurs. Le but explicite est de favoriser la cohésion sociale et les liens horizontaux de coopération au sein du tissu social afghan.

Dans un contexte aussi tendu et fragmenté, il est illusoire de vouloir chercher un niveau de solidarité où toute relation de pouvoir est absente et où les intérêts de tous seraient parfaitement compatibles. Le fait qu'une allocation optimale des ressources versées par le NSP est faite à des communautés de trois cents ménages représente d'ailleurs une incitation à la scission. Dans le district de Jaghori comme ailleurs en Afghanistan, le nombre de Conseils de développement communautaire mis sur pied par le NSP excède largement le nombre de *manteqa*. Qui sont les membres de ces assemblées ? Quelle est leur insertion dans la société locale ? Qui représentent-ils ? À quelle opposition se heurtent-ils ? Ils sont investis d'un certain pouvoir, dans le sens classique développé par Max Weber, qui désigne la capacité d'une personne à poursuivre ses propres buts en agissant sur les actions des autres en dépit de la résistance qu'elle peut rencontrer. Le pouvoir découle du contrôle des ressources matérielles, mais aussi sociales, dans lesquelles il faut inclure aujourd'hui l'aide extérieure. Le fait que les organisations humanitaires soient neutres dans leur but et leur fonctionnement ne devrait pas les empêcher de conduire une réflexion sur les enjeux politiques qu'elles représentent pour les acteurs locaux.

Dans bien des cas, les factions politiques en présence au sein de chaque *manteqa* (souvent issues des anciens partis, Nasr et Sepah en particulier) ont formé des CDC distincts dans le but d'avoir accès de façon indépendante aux ressources du Programme. Dahmarda, unité territoriale et sociale comprenant environ quatre cents cinquante ménages, s'est par exemple scindé en deux comités correspondant aux deux factions issues de la guerre. La politique locale est structurée autour d'un subtil feuilletage de coopération et de compétition, où les obligations les plus fortes s'accompagnent de subtiles sources de tension. Les structures de solidarité ne peuvent être comprises selon un modèle concentrique allant d'un cœur existentiel, où relations de parenté et de confiance se confondent, vers des franges où la défiance devient la règle. Contrairement au modèle bien connu développé par Marshall Sahlins[1] pour expliquer la dimension sociale de l'échange, la violence n'est pas rare en Afghanistan entre parents et voisins.

L'idéal de développement communautaire et d'harmonie mis en avant par le NSP ne suffit donc pas à contrebalancer l'insécurité des années passées, au cours desquelles divers acteurs locaux se sont battus pour le pouvoir. Loin d'être des espaces de solidarité, les groupes locaux et territoriaux de l'Afghanistan rural doivent être considérés comme des arènes politiques

---

1. Sahlins, 1965.

où les populations coopèrent autant qu'elles rivalisent pour le contrôle des rares ressources, l'eau, la terre, les destinations migratoires et l'argent de l'aide. Les termes « village » et « communauté » parsèment la littérature grise produite par les organisations d'aide humanitaire et de développement ; ils se retrouvent également dans la rhétorique du gouvernement afghan[1] pour désigner les unités territoriales et sociales du monde rural, des segments tribaux, des quartiers urbains... Ils ne contribuent guère à comprendre la complexité du feuilletage des solidarités, des modes de résidence et de l'éparpillement des groupes de filiation. Alors que le concept même de « communauté » a été pratiquement abandonné dans les sciences sociales, il est réintroduit par les milieux humanitaires pour inspirer des actions qui, à l'instar du NSP, provoquent des distorsions d'autant plus ambiguës que leurs promoteurs ne semblent pas les avoir anticipées.

Le NSP a pu attiser les tensions préexistantes en apportant de nouvelles ressources. Il contribue ainsi à redéfinir la géographie sociale et politique du monde rural afghan. Il n'est pas rare de voir l'administration des districts abritée dans de modestes locaux, que ce soit une simple boutique de pisé au bazar ou un *compound* datant de la période pré-communiste ; un

---

1. Notons toutefois de subtiles questions de traduction. L'expression anglaise *Community Development Councils* devient en persan *Shurâ-ye enkeshâf-e qaria*, la notion de communauté étant traduite par le terme qui désigne un groupement de maisons. « Développement rural » se dit *enkeshâf-e dehât*, ce dernier terme – connu de tous mais relativement peu usité dans le monde rural afghan – a la particularité d'être composé d'un mot persan (*deh*) et d'un suffixe arabe (*-ât*) ; il désigne les villages en général, la campagne.

La vie au village...

fonctionnaire portant turban sirote une tasse de thé amer devant une machine à écrire Hermes, non loin peut-être d'une vielle jeep soviétique. Quel contraste avec les bureaux des ONG – en particulier celles qui bénéficient de la manne du NSP –, leurs jeunes employés, leurs générateurs, leurs véhicules de fabrication japonaise. Battant pavillon des pays donateurs, la présence ostentatoire de ces organisations tend à oblitérer au niveau local la visibilité de l'État afghan, qui semble cantonné au domaine du contrôle policier et à son cortège de débordements. Cette situation traduit la variété des souverainetés multiples et segmentées qui caractérisent l'Afghanistan comme de nombreux autres États postcoloniaux en Asie et en Afrique.

L'aide à la reconstruction est une ressource qui est utilisée dans les luttes de factions. Elle doit être prise en considération dans toute étude de l'économie politique de la crise afghane. Celle-ci ne se laisse pas appréhender par une grille d'analyse ethnique. Quant aux groupes locaux, ils apparaissent singulièrement composites et fluides. Loin de constituer un niveau de solidarité primordiale sur lequel on pourrait appuyer le processus de consolidation de la paix, loin de former des communautés où les intérêts de tous convergent, ils sont des arènes politiques où différents acteurs cherchent à affirmer leur prééminence.

Chapitre 6

Les pays voisins : des refuges qui se dérobent

> « *Lorsque les choses vont aller mal à Quetta, où est-ce que nous, les Hazaras, pourrons nous réfugier ?* »
>
> Un Hazara pakistanais

Fin janvier 2009, j'apprends que Husain Ali Yosufi, le président du Parti Démocratique Hazara, s'est fait assassiné à Quetta par deux motards en sortant de son agence de voyage. Ce n'est pas la première personne que j'ai côtoyée longuement qui connaît une mort violente. Je me remémore cet homme haut en couleur : ses yeux qui pétillaient de malice derrière de grandes lunettes, ses lèvres qui restaient cachées sous une immense moustache, son verbe fleuri, parsemé de métaphores et de jeux de mots que je peinais à comprendre, son humour et sa bonhommie qui accompagnaient des opinions politiques affirmées, la défense des valeurs laïques et de la minorité hazara. Sa disparition provoque une vague de protestation au sein des communautés hazaras dispersées de par le monde.

Elle n'est pourtant qu'un événement, tragique, parmi de nombreux autres qui marquent la détérioration générale du climat politique à Quetta.

La capitale du Baloutchistan pakistanais est bâtie à environ 1 700 mètres d'altitude, dans un bassin entouré de montagnes qui dépassent les 3 000 mètres. Le paysage peut rappeler celui de Kaboul. Située à la frontière de l'Afghanistan, sur la route stratégique reliant l'Asie centrale à l'océan Indien, la ville a abrité la plus importante garnison britannique du sous-continent. Bastion défensif pour les uns, elle a servi de refuge pour les autres. Les premiers Hazaras y sont venus à la fin du XIXe siècle. Ils fuyaient les violentes campagnes militaires conduites contre eux par l'émir de Kaboul, Abdur Rahman, entre 1891 et 1893. Les nouveaux arrivants développent rapidement de bonnes relations avec les autorités britanniques. Ils participent à la construction de routes et du chemin de fer empruntant le col du Bolan qui relie la frontière afghane aux plaines du Sind. Ils sont nombreux à s'engager dans l'armée des Indes, où un régiment de pionniers sera même formé en 1904 pour les Hazaras. Cette unité participera pendant la Première Guerre mondiale à la bataille d'Ypres, en Belgique, puis à la campagne de Mésopotamie. S'expatrier pour servir l'Empire britannique et collaborer ainsi à une entreprise globale de domination est paradoxalement un moyen d'émancipation politique et de promotion sociale pour les membres de ce groupe marginalisé dans son territoire d'origine.

Dans les années 1990, je profite de façon répétée de l'hospitalité d'un notable de la communauté hazara de

Les pays voisins : des refuges qui se dérobent

Quetta, qui me loge dans une petite chambre jouxtant son bureau. Haji Sarwar est un homme au maintien élégant, affable et ouvert à la discussion. Nous développons une profonde connivence. Il aime se montrer en ma compagnie, comme si ma présence représentait une source de prestige qui renouvelait un ancien contrat passé entre sa famille et les *Engrizi*, terme polymorphe qui a fini par désigner tous les Européens. Il me raconte avec fierté l'histoire de son grand-père, qui s'est enrôlé dans les troupes britanniques après avoir fui l'Afghanistan. Démobilisé entre Bagdad et Bassora après l'armistice de 1918, il traverse l'Iran à pied, s'attardant si bien en chemin qu'il finit par épouser une fille d'Ispahan. Il renonce à retourner dans son village natal et préfère s'installer à Quetta, sous la protection de ses parrains britanniques. Il trouvera la mort dans la force de l'âge au cours du tremblement de terre qui dévaste la ville en 1935. Il a néanmoins pu faire fructifier ses affaires et laisse sa veuve et ses enfants en bas âge dans une bonne situation socioéconomique. Une fois adulte, son fils unique fait l'acquisition d'un camion et se spécialise dans le transport de charbon entre les mines et les points de vente. Peu à peu, il parvient à étendre ses activités et s'enrichit. Haji Sarwar appartient donc à la troisième génération établie dans la capitale du Baloutchistan pakistanais, mais il a effectué de nombreux voyages en Afghanistan. Il développe les activités de son père et finit par gérer plusieurs mines de charbon. Il emploie de nombreux ouvriers originaires de la région de son grand-père, contribuant ainsi à maintenir des relations sociales au-delà des frontières étatiques.

La bonne intégration des Hazaras dans le tissu social de Quetta n'est pas remise en cause par la création du Pakistan, proclamée le 14 août 1947. Les Hazaras sont d'ailleurs reconnus comme l'une des *indigenous/ local tribes* en 1962, statut confirmé le 15 juin 1963. Un ancien cipaye hazara des troupes britanniques, Muhammad Musa Khan, fera d'ailleurs une brillante carrière dans les forces armées pakistanaises. Il en sera le commandant en chef entre 1958 et 1969 avant d'être nommé gouverneur du Baloutchistan entre 1985 et 1991. Ces trajectoires illustrent l'intégration réussie d'une petite communauté de migrants dont les perspectives seraient restées bouchées en Afghanistan.

La migration des Hazaras a été quasiment ininterrompue depuis plus d'un siècle et ils forment aujourd'hui l'une des principales communautés de l'agglomération de Quetta. La terrible famine qui frappa de larges parties de l'Afghanistan au début des années 1970, le coup d'État communiste de 1978, puis l'intervention soviétique de l'année suivante ont amplifié les mouvements migratoires. En dépit de variations d'intensité, il existe un continuum circulatoire entre le Hazarajat et Quetta. Peu de Hazaras se sont établis dans les camps de réfugiés du Pakistan. D'emblée, ils ont préféré tenter leur chance en milieu urbain, où ils pouvaient compter sur une communauté d'accueil, et n'ont guère eu besoin de s'appuyer sur l'aide humanitaire destinée aux réfugiés.

En outre, de nombreux paysans originaires du sud du Hazarajat migrent de façon saisonnière ; ils viennent chaque hiver travailler dans les mines de charbon de la région de Quetta, avant de retourner en Afghanistan

Les pays voisins : des refuges qui se dérobent

au début du printemps pour reprendre leurs activités agricoles. Grâce aux relations qu'ils ont dans la société locale, les migrants venus d'Afghanistan peuvent se procurer une carte d'identité pakistanaise, voire un passeport. Quetta est alors un lieu central de la spatialité et des filières migratoires des Hazaras. La ville sert de relais, de lieu de rassemblement et de refuge. En cas d'expulsion de l'Iran ou de conflit en Afghanistan, on sera toujours accueilli à Quetta par un parent ou un ami. En revanche, la capitale du Baloutchistan pakistanais n'offre guère de débouchés professionnels autres que les mines de charbon et le commerce pour ceux qui disposent d'un capital financier de départ.

La ville est donc dans les années 1980-90 une plaque tournante. J'y réside longuement à plusieurs reprises. C'est mon point de départ pour me rendre en Afghanistan comme en Iran. J'intitule d'ailleurs un chapitre de l'ouvrage issu de ma thèse où je traite de Quetta « le refuge des Hazaras »[1]. Haji Sarwar a une très vive conscience de cette histoire : « Les Hazaras doivent être reconnaissants envers les Britanniques et le Pakistan », aime-t-il répéter, avant d'ajouter : « Lorsque les choses vont aller mal à Quetta, où est-ce que nous, les Hazaras, pourrons nous réfugier ? »

Triste prémonition. À la suite des attentats du 11 septembre 2001 et de l'intervention américaine en Afghanistan, certains groupes militants sunnites s'en prennent de plus en plus à la minorité chiite pakistanaise. Alors que Quetta avait été pendant longtemps un refuge pour les Hazaras qui fuyaient la violence,

---

1. Monsutti, 2004.

ils deviennent la cible d'attaques de plus en plus nombreuses. En juin 2003, une fourgonnette transportant onze cadets hazaras de la police tombe dans une embuscade. Les passagers sont forcés à descendre par des assaillants non identifiés, alignés contre un mur et abattus à la mitraillette. En juillet de la même année, plus de cinquante Hazaras sont tués et des dizaines d'autres blessés dans l'attaque de la principale mosquée chiite de la ville au moment même de la grande prière du vendredi.

Depuis lors, la spirale de la violence à Quetta s'emballe. En 2013, plus de cent Hazaras trouvent la mort dans une série d'attentats-suicide visant les quartiers où ils résident. En janvier de l'année suivante, une trentaine de pèlerins chiites sont tués dans deux bus pris pour cible par des hommes armés. En quelques années, 1 400 Hazaras auraient été assassinés dans la seule ville de Quetta par des mouvements terroristes comme le Lashkar-e Jhangvi, un groupe militant sunnite qui a combattu les forces armées indiennes au Cachemire. Ils alternent attentats à la bombe et assassinats ciblés de personnalités susceptibles de représenter ou de défendre leurs coreligionnaires, politiciens, hommes d'affaires, intellectuels, journalistes, tel que Husain Ali Yosufi. Les fonctionnaires et les cadres d'entreprises sont également visés, une façon de souligner que la minorité représente un « corps étranger » au Pakistan et qu'elle ne doit plus espérer compter au sein de l'État et du tissu socioéconomique.

La trajectoire sociale, politique et économique, mais aussi géographique des personnes, hier comme aujourd'hui, reflète l'écheveau des processus coloniaux et postcoloniaux, de la progression territoriale britannique et la construction de l'État afghan au XIXᵉ siècle à la création du Pakistan en 1947, de la guerre froide et l'intervention de l'Armée rouge en Afghanistan à la longue lutte entre factions issues de la résistance antisoviétique.

Retournons à Mardan Ali et ses frères. Chacun a réagi de façon différente au conflit et aux problèmes qui se posaient. Dans le même temps, chaque réponse doit être comprise en relation avec les autres. Mardan Ali est l'une des personnes qui a le plus compté pour moi lors de mes recherches en Afghanistan et au Pakistan dans les années 1990. Né au milieu des années cinquante à Dahmarda, il est promis dès son plus jeune âge à la fille du frère de son père. Il m'explique qu'enfant, insoumis et batailleur, il s'entend mal avec sa belle-mère, qui favorise ses deux propres fils, Mohammad Ali et Aziz, beaucoup plus jeunes que lui.

Pour mon tout premier voyage en Afghanistan à l'automne 1995, j'accompagne Mardan Ali, qui rend visite à sa famille. Arrivés à Dahmarda, son village d'origine, j'observe les interactions. Nous parvenons à la maison de son enfance. Quelques femmes se pressent pour nous accueillir. Mardan pose sa tête sur l'épaule de l'une d'elle, qui lui embrasse les cheveux. Il s'incline prestement pour lui baiser la main droite. Elle se tourne vers moi et me prend affectueusement dans ses bras, geste assez inhabituel. J'imite mon compagnon avec une révérence maladroite. Elle me tient la main en déclarant que je suis son fils, avant d'ajouter à mon attention, d'un ton plus bas : « Celui-ci [elle désigne Mardan du menton] est mon beau-fils ! »

Je mettrais trois ans à comprendre la nature réelle de leur relation. Cherchant à corréler les formes de mobilité spatiale et les relations de solidarité, je reconstitue la généalogie de mes principaux interlocuteurs. Un jour comme tant d'autres, je pose des questions à Mohammad Ali, que je supposais être le demi-frère de Mardan : « Je crois que la mère de Mardan Ali est née dans le village de Daoud et qu'elle est issue du même lignage que la mère de votre père. Et ta très respectée mère, puis-je te demander quelle est son origine ? »

Il me regarde perplexe, sans répondre. Devant sa réaction, j'ai un moment de panique : ai-je révélé un secret de famille, bien gardé, que les plus jeunes membres de la fratrie ne sont pas censés connaître ? Très rapidement, je passe en revue les diverses options pour me sortir de ce faux pas, la plus immédiate étant de jouer sur mes compétences linguistiques imparfaites. Sur ces entrefaites, la porte s'entrebâille et Mardan se glisse dans la pièce où nous nous trouvons. Je décide d'aborder la question de front : « Mardan, mon cher ami, j'avais compris que ta mère était tragiquement décédée en te donnant naissance. Je suis vraiment confus si j'ai créé un malaise. » Mon vis-à-vis éclate de rire : « Mais non, Mohammad Ali, Aziz et moi avons la même mère ». Il s'assied, mis de bonne humeur par son effet, et se met spontanément à me raconter sa jeunesse : « Mon père s'était mis d'accord avec son frère de me marier à la fille de ce dernier. Je ne voulais pas. J'ai demandé à ma mère de me soutenir. Elle ne l'a pas fait. J'ai alors commencé à lui dire qu'elle n'était pas une bonne mère, qu'elle se comportait comme une marâtre. »

Les pays voisins : des refuges qui se dérobent

À seize ans, Mardan a une altercation violente avec des voisins qu'il accuse d'avoir volé du temps d'irrigation : « Gamin, frappe-moi si tu l'oses », s'entend-il dire. Furieux, il lève la pelle qu'il avait dans les mains et l'abat avec force sur l'épaule de l'homme adulte. Voyant du sang couler, il s'effraie des conséquences de son geste. Il court chez lui, fait rapidement un baluchon et s'enfuit. Nous sommes en 1971. Mardan se rend à Quetta, au Pakistan, où des membres de sa parenté sont établis. Le pays est alors en pleine guerre d'indépendance du Bangladesh. Mardan s'engage sans attendre dans les forces armées pakistanaises. Il y fera la connaissance d'un Hazara originaire comme lui de Jaghori mais né à Quetta. Liant amitié, il entrevoit la sœur de son camarade lors d'une visite au domicile de ce dernier. « J'en suis immédiatement tombé amoureux », me dit-il. « C'est elle, pas ma cousine, que je veux comme femme ! »

Son père mettra plusieurs années à retrouver sa trace. Il vient le trouver à Quetta pour le faire rentrer à Dahmarda et y épouser sa cousine. À force de menaces et de supplications, il convainc son fils de l'accompagner. C'est l'hiver. De retour chez lui après plusieurs années, Mardan essaie de faire accepter son choix à ses parents... en vain. Écumant de rage, il finit par se jeter sur le *bukhari* – petit poêle à bois – qui réchauffe la pièce. Des années plus tard, fièrement, il se déboutonne la chemise et me montre les traces de brûlure : « J'ai fait céder mon père ; et j'ai épousé la femme de mon choix ! »

Son frère écoute. Connaissait-il toute l'histoire ? Plus jeune d'une douzaine d'années, il est d'un caractère très différent de son aîné. Ce dernier transhume pendant les années 1980 entre l'Afghanistan, où il passe ses étés à combattre l'occupant soviétique, et le Pakistan, où il se rend en hiver pour travailler dans les mines de charbon. Sa femme, bien que née à Quetta et malgré la guerre, a quant à elle souhaité venir s'établir dans les montagnes du Hazarajat, dont elle apprécie le climat qui lui permet de mieux supporter la tuberculose dont elle souffre. Mohammad Ali s'est quant à lui rendu à peine adolescent au Pakistan puis a rapidement continué sa route vers l'Iran. Il y a effectué de nombreux séjours, travaillant comme maçon sur les chantiers de Téhéran ou d'Ispahan. Homme pieux et respectueux de la parole des anciens, son but est d'éviter à ses fils cette vie de migrant. Il reconduit l'alliance matrimoniale de son père et de son grand-père en épousant une femme du lignage de sa mère et de la mère de son père.

Mardan Ali est considéré par son entourage comme un homme énergique mais peu solidaire, entreprenant mais imprévisible jusqu'à la violence. Mettant en avant son aversion pour le régime religieux, il s'est toujours refusé de se rendre en Iran, même pour une courte visite. Mohammad Ali est vu comme un artisan chevronné mais insuffisamment pugnace, comme un homme auquel on peut se fier mais conciliant à l'excès et malchanceux en affaire. J'ai entendu son père et son oncle le sermonner de ne pas vouloir envoyer en Iran son fils adolescent : « L'école, c'est bien. Mais pour devenir un homme, il faut être sorti de chez soi, il faut avoir connu la route et la vie des chantiers ! » L'un est envié et blâmé à la fois, l'autre estimé mais critiqué. Mais au-delà de leur différence de caractère et de réputation, les deux frères illustrent diverses itinérances reliant l'Afghanistan, le Pakistan et l'Iran, qui doivent être comprises au sein du groupe domestique.

Les Afghans ne sont pas les victimes impuissantes d'événements qui les dépassent ; ils tirent un certain avantage de leur dispersion géographique et adoptent des formes différentes de mobilité. Les membres des groupes familiaux ne cherchent pas seulement à maximiser leur intérêt mais aussi à minimiser les risques en diversifiant les lieux de résidence, les types d'activité et même les affiliations politiques. Comme nous l'avons vu par les critiques que s'attire Mohammad Ali en refusant d'envoyer son fils travailler en Iran, la migration n'est pas qu'une stratégie de réponse à l'insécurité, c'est aussi un rite de passage à l'âge adulte par lequel un homme s'accomplit. Plus qu'une rupture, elle s'insère dans la représentation que les gens se font du parcours de vie d'un homme[1].

La population de Jaghori, par exemple, s'est tournée vers Quetta depuis plus d'un siècle. La série de conflits qui secoue l'Afghanistan depuis 1978 n'a fait qu'intensifier ces relations et les mouvements de va-et-vient. Pour élargir le champ des possibilités sociales et économiques, nombreux sont ceux qui ont deux maisons, une à Quetta et une autre à Jaghori. Cette diversification spatiale explique comment les systèmes économiques régionaux sont constitués par une exploitation différenciée des niches écologiques et sociales à disposition. Dans sa description des nomades

---

1. Monsutti, 2007.

baloutches, Salzman[1] parle ainsi de « *multi-resource economy* » : élevage de chèvres, de moutons et de chameaux ; culture des dattes ; commerce caravanier et pillage, ces deux dernières activités ayant été remplacées au cours du xxe siècle par une migration laborieuse vers les centres économiques de l'Iran ou les pays de la péninsule Arabique. Le déplacement n'est pas purement spatial, car on passe également d'un type de ressource économique à un autre (par exemple des zones de pâturages aux oasis de palmiers dattiers qui peuvent être distants de plusieurs centaines de kilomètres). De façon comparable malgré les contextes différents, la migration des Afghans vers le Pakistan, l'Iran ou les pays du golfe Persique répond à une stratégie de diversification et n'est pas exclusivement le résultat de la violence.

Ainsi, des Hazaras fuyant la conquête d'Abdur Rahman à la fin du xixe siècle ne se sont pas seulement rendus dans les Indes britanniques mais aussi en Iran. Concentrés autour de Mashhad, où ils sont nommés Berberis, les descendants de ces réfugiés ont conservé des relations moins suivies avec leur région d'origine que leurs cousins de Quetta. Par rapport au Pakistan, l'Iran offre un contraste saisissant ; la situation est presque inversée. En Iran, contrairement au Pakistan, les Afghans sont confrontés à une atmosphère xénophobe et cantonnés dans des activités manuelles[2]. Cependant, de nombreuses

---

1. Salzman, 1971.
2. Voir Adelkhah & Olszewska, 2007. À la fin 2004, le HCR estimait qu'environ un million d'Afghans demeuraient en Iran en

familles cherchent à y avoir un de leurs membres pour s'assurer un apport pécuniaire, tendance déjà bien marquée au moment du boom pétrolier des années 1970. Les jeunes hommes sont souvent encouragés par leurs parents à aller chercher un emploi en Iran, où ils peuvent rester plusieurs années. En revanche, les hommes ayant la charge d'une famille rechignent parfois à partir pour de longues périodes et souhaitent rester plus proches de leurs épouses et de leurs enfants, dans le village d'origine. Ils préfèrent se rendre à Quetta, qui leur offre la possibilité de migrer de façon temporaire tout en bénéficiant d'un milieu d'accueil.

Comme je réside à Quetta, je décide de compléter ma vision de l'espace transnational dans lequel se meuvent les personnes que je côtoie au quotidien en visitant l'Iran. Je m'y rends pour la première fois au printemps 1996. Je prends le bus à Quetta et traverse les hauts-plateaux du Baloutchistan. J'ai bon espoir de contacter des Afghans par quelques numéros de téléphone griffonnés sur un papier. Sont-ils réfugiés ? Sont-ils travailleurs migrants ? Ce n'est pas la question que je me pose. Je m'intéresse à leurs stratégies sociales et ne cherche pas à les placer sous des étiquettes bureaucratiques, forcément artificielles même si elles ont des implications importantes, car elles structurent les politiques publiques au niveau des États et les formes d'intervention humanitaire des organisations internationales et non gouvernementales. À la

---

y étant dûment enregistrés et que 500 000 y résident illégalement (Abbasi-Shavazi & Glazebrook, 2006).

recherche d'expressions neutres, qui ne prédéterminent pas ma compréhension des phénomènes sociaux et des stratégies de mobilité auxquels je suis confronté, je préfère parler de « personnes mobiles », d'« itinérants » ou, mieux d'*homo itinerans*.

Arrivé à Téhéran, je descends dans un hôtel sans prétention situé non loin de la grande artère centrale de Khiaban-e Enqelab (l'avenue de la Révolution). Le lendemain matin de mon arrivée, je compose un numéro dans l'espoir de trouver la trace de Mohammad Ali. On me répond : une voix masculine avec des intonations clairement iraniennes. Je me présente en disant simplement que je suis à peine arrivé du Pakistan, que je suis un ami de la famille d'un ouvrier afghan. Je m'embrouille un peu, car je ne veux pas que mon interlocuteur comprenne que je suis européen. Je ne souhaite pas attirer l'attention et espère que l'on me prend pour un Pakistanais qui s'exprime dans un persan imparfait. On me répond sèchement de rappeler plus tard.

Je prends mon courage à deux mains et téléphone à nouveau quelques heures plus tard. Le succès de mon voyage à Téhéran dépend de cette rencontre. Je suis très curieux de connaître le dernier des trois frères, que je n'ai alors pas encore rencontré. J'ai dans ma poche une photographie de sa fille de trois ans, qu'il n'a pas encore vue, prise six mois auparavant lors de mon voyage à Dahmarda avec Mardan Ali. Cette fois, j'identifie immédiatement l'accent hazaragi : « Je m'appelle Sekander, je suis un ami de Mardan Ali, de Dahmarda. C'est lui qui m'a donné ce numéro… » Je suis interrompu par une grande exclamation : « Mais bien sûr, nous t'attendions ! Où es-tu ? »

Les pays voisins : des refuges qui se dérobent

Nous convenons d'un lieu de rendez-vous éloigné de mon hôtel. Je suis en Iran avec un visa touristique et ne souhaite pas attirer l'attention des autorités iraniennes sur les Afghans que je rencontre. Pour la plupart, ils n'ont pas de permis de résidence. Pour être sûr de semer une éventuelle filature, je saute dans un taxi collectif qui va dans la bonne direction. Je descends, marche un peu dans une rue bondée, pénètre dans un centre commercial, en ressort par une autre porte, avant de héler un autre taxi. Cette fois, je négocie une course privée.

Mohammad Ali est un homme de mon âge. Il ressemble à son frère, quoiqu'un peu plus svelte. Il insiste pour que je vienne habiter avec lui. Une aubaine pour moi ! Nous retournons donc chercher mes affaires à l'hôtel. Il reste un peu à l'écart mais ne semble pas autrement inquiet de se montrer en public avec un étranger. Le chantier où il travaille et loge avec ses camarades de Jaghori ne se trouve pas loin. Je vais y passer une quinzaine de jours : l'un de mes plus beaux souvenirs de terrain. Je renouvellerai cette expérience en automne 2003, passant à nouveau quelques jours en compagnie de Mohammad Ali.

Ce qui est déterminant dans un tel contexte, ce sont les filières d'embauche. Les ouvriers se regroupent dans des équipes temporaires de travail autour de certains individus entreprenants et compétents. Ils se déplacent de chantier en chantier au gré des engagements qu'ils trouvent de bouche à oreille. Les Afghans qui se rendent dans la République islamique ont ainsi de bonnes chances de trouver un emploi par l'intermédiaire d'un parent ou d'un voisin.

Tout aussi mobile que Mardan, Mohammad Ali a d'emblée adopté une forme différente de circulation. Il a quitté une première fois le foyer familial à quinze ans environ et a dès le début tourné son regard vers l'Iran. Depuis, il a passé l'essentiel de sa vie en migration, avec de brèves visites à sa famille restée en Afghanistan. Il a été employé tour à tour dans des carrières de pierre, dans une minoterie industrielle puis comme maçon. Acquérant une excellente expérience du marché du travail et un solide savoir-faire professionnel, il a développé une relation de confiance avec plusieurs chefs d'entreprise iraniens qui lui confient des responsabilités croissantes sur les chantiers. Ayant essuyé plusieurs revers de fortune, il n'est cependant jamais parvenu à réunir le capital nécessaire pour se lancer dans une activité entrepreneuriale véritablement autonome. Il semble condamné – à son corps défendant – à évoluer entre deux mondes tout en fonctionnant comme chaperon pour les jeunes hommes qui viennent travailler à ses côtés.

En effet, Mohammad Ali ne peut guère espérer faire venir sa famille et développer un projet d'intégration à long terme en Iran. S'il est facile d'y trouver un emploi relativement bien rémunéré en activant ses réseaux, de nombreuses activités sont interdites aux Afghans, qui restent cantonnés dans certains emplois manuels. Les risques d'expulsion, les vexations et les violences policières vont aller en augmentant avec le temps.

Certains Hazaras fuyant les violences du conflit qui les opposait à l'émir de Kaboul ont trouvé refuge en Iran à la fin du XIXe siècle. Installés autour de la ville de Mashhad, au Khorasan, leurs descendants sont connus sous le nom de Barbaris ou Khavaris. Ils

Les pays voisins : des refuges qui se dérobent

forment une communauté bien intégrée dans le tissu social national et ont conservé avec l'Afghanistan des liens plus distendus que les Hazaras de Quetta. Au printemps 1996 encore, je me trouve à Mashhad. Je loge dans un petit hôtel, non loin du mausolée de Reza, huitième imam du chiisme. Le réceptionniste est un homme affable, qui échange volontiers quelques mots avec moi. Intrigué par mon intérêt pour les Afghans, il me dit au détour d'une conversation être Khavari. Toutefois, il me regarde interloqué lorsque je lui demande de quelle région d'Afghanistan sont originaires ses ancêtres. Il marmonne : « D'Afghanistan ? Je ne sais pas... oui, peut-être... mais l'Afghanistan faisait partie de l'Iran à l'époque. »

Plus tard dans la journée, je raconte la scène à des Hazaras d'Afghanistan, qui ne cachent pas leur exaspération : « Ces Khavaris ont peur, ils cachent leur origine, ils ne veulent pas être confondus avec nous ! » Mes interlocuteurs se plaignent du racisme ambiant et du mépris auquel ils sont confrontés dans leur quotidien.

Avant l'invasion soviétique de 1979, de nombreux Afghans étaient déjà venus chercher un emploi en Iran, alors en pleine expansion économique. Dans les années 1980 et 1990, les Afghans sont d'ailleurs les bienvenus, mais pour des raisons différentes qu'au Pakistan. L'occupation militaire soviétique de l'Afghanistan provoque l'un des plus importants déplacements forcés de population dans le monde depuis la Seconde Guerre mondiale. Plus de six millions d'Afghans se trouvent en 1990 entre les deux pays voisins, représentant 40 % de la population mondiale de réfugiés tombant sous le mandat du HCR. Le Pakistan, qui n'a pourtant pas ratifié la Convention de 1951 ou le Protocole de 1967, est alors le pays comptant le plus de réfugiés au monde. Le contexte géopolitique de l'époque – la lutte contre l'expansionnisme de l'URSS –, plus que des préoccupations humanitaires, rendent cette situation acceptable pour le HCR, le pays hôte et le bloc occidental, principale source de soutien financier. En revanche, l'Iran est snobé par les bailleurs de fonds, alors que presque autant d'Afghans y sont accueillis et que le pays a ratifié très tôt les textes internationaux relatifs aux réfugiés. Mais la République islamique met en avant sa solidarité internationale avec des musulmans. Les Afghans peuvent s'insérer dans un marché du travail marqué par l'absence de la jeunesse nationale, aspirée par le terrible conflit avec l'Irak.

La situation se dégrade progressivement dans les années 1990. L'accès aux services sociaux, aux soins médicaux, à l'école, leur est de plus en plus difficile. Les rafles policières se multiplient ; beaucoup voient leurs papiers d'identité confisqués et un nombre croissant d'entre eux sont expulsés vers l'Afghanistan. En 1999, le parlement iranien vote une motion enjoignant tous les employeurs à congédier tout travailleur étranger n'ayant pas de document d'identité en règle. Quelque 60 000 Afghans sont rapatriés de façon volontaire mais plus de 100 000 d'entre eux sont déportés de force pendant la seule année 1999[1]. Malgré certaines

---

1. U.S. Committee for Refugees World Refugee Survey 2000 – Iran, http://www.refworld.org/docid/3ae6a8c423.html. Voir également Adelkhah & Olszewska, 2006.

Les pays voisins : des refuges qui se dérobent

fluctuations, cette tendance se poursuit au-delà de l'intervention internationale en Afghanistan.

Malgré les centaines de millions de dollars de l'aide étrangère, l'Afghanistan a toujours parmi les plus bas indicateurs de développement humain, y compris la mortalité infantile, l'espérance de vie, et les indices de violence les plus élevés. La population urbaine continue de gonfler, tandis que les zones rurales ne sont pas en mesure d'intégrer plus de personnes en raison de la pression démographique, et le potentiel agricole reste limité. Malheureusement pour les Afghans, leurs options sont nettement plus limitées aujourd'hui qu'elles ne l'étaient dans les années 1980-1990. Le contexte stratégique a changé et ni le Pakistan ni l'Iran ne sont plus des terres accueillantes pour les Afghans qui fuient leur pays, contraints de trouver de nouvelles destinations. Ils sont de plus en plus nombreux à tenter leur chance vers l'Australie et surtout l'Europe, changement d'échelle reflétant l'évolution de la situation dans les pays de premier accueil qu'ont pu être le Pakistan et l'Iran.

Chapitre 7

Au-delà des mers : jouer avec les catégories

> « *Je me fais appeler Harry. Avec mes yeux bridés, personne ne pense que je suis afghan et musulman.* »
>
> Un migrant hazara, New York

New York, Ground Zero, le 11 septembre 2005. Je me fraie un passage dans la foule, le long du grillage qui isole le trou béant où se dressera le nouveau World Trade Center. L'atmosphère est au recueillement. Un homme lit d'une voix profonde un texte évoquant les victimes de l'attentat. Je me laisse prendre par la simplicité des mots et la déférence de la foule. Je me remémore le 11 septembre 2001.

C'est la fin de l'après-midi, je suis à Quetta chez Haji Sarwar, avec lequel je papote en buvant une tasse de thé brûlant. Son frère fait irruption dans la pièce, surexcité, en criant que les États-Unis sont attaqués. Nous l'accompagnons et arrivons devant la télévision au moment même où le deuxième avion percute la tour Sud du World Trade Center de New York.

Nous assistons, médusés, à la suite des événements et l'écroulement des deux gratte-ciels. Je suis en milieu chiite, parmi des gens qui sont la cible des groupes islamistes sunnites, les mêmes qui auraient perpétré les attentats. Impossible de leur imputer la moindre sympathie pour Al-Qaida. Le frère de Haji Sarwar hoche la tête, perplexe, il se parle à lui-même : « Un acte démoniaque… mais un plan brillant ! C'est affreux, affreux, mais bien pensé ! »

Il est atterré mais non indifférent au fait que la plus grande puissance mondiale puisse être touchée en son cœur par les mêmes ennemis qui menacent son existence et celle des siens au Pakistan. Télescopage tragique entre des réalités lointaines qui sont soudain rapprochées par le déchaînement de violence.

Et me voici, quatre ans plus tard sur les lieux du drame. Je loge à Flushing chez Hazrat Ali, le beau-fils de Haji Sarwar. Au bénéfice entre 2004 et 2006 d'une bourse de la Fondation MacArthur de Chicago, j'étends mes recherches aux Afghans établis en Occident. Je passe une partie de l'année 2005 en Amérique du Nord. J'y ai de nombreux contacts, des parents ou des amis de personnes rencontrées les années précédentes en Afghanistan, au Pakistan ou en Iran. Je me rends à Washington, Boston, Montréal et Québec, mais c'est à New York que je séjourne le plus longtemps.

La communauté afghane compte plusieurs dizaines de milliers de personnes en Amérique du Nord. Issue en grande partie des classes moyennes et supérieures citadines, elle est bien représentée autour de la baie de San Francisco (à Fremont en particulier), en Californie méridionale (Los Angeles et San Diego), ainsi que dans l'agglomération de Washington (incluant les zones limitrophes de Virginie et du Maryland), mais aussi à Toronto, à Montréal ou encore à Vancouver[1]. Les personnes originaires des régions rurales n'y sont arrivées que récemment, avec l'expansion territoriale de leurs réseaux migratoires au-delà des limites du Moyen-Orient. Toutefois, vu la position géographique du continent nord-américain, il est presque impossible de s'y rendre clandestinement en venant de l'Asie. Au Canada, par exemple, les migrants doivent être parrainés de façon publique (par l'État fédéral ou une province) ou privée (en général par un organisme caritatif ou communautaire). Quant aux États-Unis, l'une des possibilités d'immigrer est la Diversity Visa Lottery organisée annuellement par les autorités, au terme de laquelle environ 50 000 cartes de résident permanent (ou *green card*, « carte verte ») sont octroyées. Cette procédure est ouverte aux ressortissants d'une liste de pays qui évolue d'année en année dans l'idée de maintenir une certaine diversité parmi la population immigrée.

---

1. Selon l'ambassade d'Afghanistan, il y aurait plus de 300 000 Afghans aux États-Unis, dont 40 000 autour de la baie de San Francisco, 20 000 dans la région de Washington et 10 000 en Californie méridionale (www.embassyofafghanistan.org, consulté le 20 février 2009 ; l'information n'est plus disponible le 22 octobre 2015). Nombreux sont ceux qui ont obtenu la citoyenneté américaine, mais les chiffres fournis officiellement restent nettement plus modestes avec 95 453 personnes d'origine afghane en 2013 (U.S. Census Bureau : factfinder.census.gov, consulté le 22 octobre 2015). Selon le recensement de 2011, il y avait 62 815 personnes d'origine afghane au Canada (Statistics Canada : www12.statcan.ca/census-recensement/index-eng.cfm, consulté le 22 octobre 2015).

Quelques Hazaras ont entrepris cette démarche avec succès dans la deuxième moitié des années 1990, parfois avec des documents d'identité pakistanais. Leur petite communauté s'est progressivement agrandie par regroupement familial ou le mariage des premiers arrivants, qui sont allés chercher leurs épouses en Afghanistan ou au Pakistan. Hazrat Ali vit avec son frère Latif. Originaires du district de Jaghori, leurs parents ont décidé de venir s'établir à Quetta alors qu'ils étaient encore enfants. Latif, l'aîné, a étudié les beaux-arts au Pakistan. Dessinateur de talent, il a toujours rêvé de pouvoir se rendre en Occident et d'y faire carrière.

Son cadet, Hazrat Ali, est un débrouillard. Jeune adulte, il passe son temps à circuler entre le Pakistan, l'Afghanistan et les Républiques d'Asie centrale, achetant et revendant avec un maigre bénéfice divers produits. Il apprécie plus particulièrement ses séjours en Ouzbékistan, où les affaires n'étaient pas mauvaises et la vodka coulait à flots, selon ses dires. Il a la surprise d'obtenir au milieu des années 1990 une *green card* étasunienne, après que son frère aîné a rempli en son nom un formulaire pour participer à la Diversity Visa Lottery. La pression familiale est telle qu'il est obligé, sans enthousiasme, de saisir l'occasion. Alors qu'il ne sait que quelques mots d'anglais, Hazrat Ali s'installe à New York. Il y retrouve quelques personnes connues à Quetta. Il a aussi l'occasion de rencontrer d'autres migrants venus du Moyen-Orient. Établis dans la mégapole depuis longtemps, ils sont bien représentés dans le monde des vendeurs de rue et de la petite restauration. Esprit ingénieux et travailleur acharné,

Au-delà des mers : jouer avec les catégories

quoique incomplètement scolarisé, Hazrat Ali loue un *pushcart* (charrette-remorque) destiné à la vente de café et de pâtisseries. Il s'assure rapidement un joli revenu et fait l'acquisition de son propre équipement. Après trois ans, il peut parrainer son frère, qui vient le rejoindre accompagné de son épouse.

Je suis Hazrat Ali dans ses pérégrinations et m'adapte à son rythme de vie. Un soir, nous nous couchons tôt pour nous réveiller à 2h00. Après un brin de toilette, nous sautons dans sa camionnette et nous rendons à Williamsburgh, un quartier de Brooklyn, dans un grand garage qui – me dit-on – appartient à un juif hassidique mais qui est géré par un Égyptien. Une vraie ruche. Grecs, Égyptiens, Ouzbeks, Afghans, Pakistanais se côtoient. Je repère une femme, la bonne cinquantaine, cheveux teints en blond cendré, qui fume, assise sur un bidon. Mais les hommes, jeunes et moins jeunes, sont nettement majoritaires. Tout le monde se connaît ; on se salue en passant ; des plaisanteries, parfois salaces, sont échangées. Mais on ne perd pas de temps, les gestes suivent un protocole bien rôdé, efficace. Hazrat Ali se procure toutes les denrées dont il a besoin à un guichet : bagels recouverts de sésame, de pavot ou nature ; beignets ; muffins ; fromage crémeux Philadelphia ; café en poudre et thé en sachet ; lait ; sucre. Il porte le tout vers un étal métallique, enfile des gants en plastique transparent pour couper les bagels et les tartiner. Séduit par l'atmosphère, je l'aide. Mais je me rends compte à quel point je suis comparativement lent et maladroit. Sans nous attarder, nous nous dirigeons vers les *pushcarts*. Serrés les uns contre les autres, ils occupent un large secteur du garage. Hazrat Ali dégage le sien et y range avec automatisme tout ce que nous venons de préparer. Il le tire à la main jusqu'à l'extérieur du garage, l'arrime à sa fourgonnette et me dit que nous pouvons partir. Nous sommes restés à peine une heure sur place. Il est pressé, il veut arriver à temps pour les derniers noctambules.

La niche socioéconomique des *pushcarts* est difficile à pénétrer. Plus que la licence délivrée par la municipalité (quelques centaines de dollars par année), il s'agit d'entrer dans une confrérie largement autogérée en s'assurant le droit d'usage d'un emplacement. Les positions les plus prisées (au coin de certaines rues de Manhattan, à proximité des bouches de métro, à l'orée d'un square…) peuvent coûter plusieurs dizaines de milliers de dollars à verser à l'exploitant précédent. Il s'agit d'un investissement à la fois économique et social. Les personnes qui connaissent un certain succès se rapprochent progressivement des secteurs les plus centraux tout en revendant avec profit l'accès à leur précédant lieu de travail à un membre plus jeune de la communauté. Elles introduisent ces nouveaux venus dans la profession en fonctionnant comme des mentors et renforcent ainsi leur capital social. Hazrat Ali a commencé à Flushing Main Street, en périphérie. Après plusieurs années de dur labeur, il a réussi à s'assurer le contrôle de deux emplacements aux sorties d'une station de métro, non loin de Times Square, une vraie manne.

Nous arrivons sur place avant 5h00. Il se gare, détache le *pushcart*, allume le réchaud à gaz, rempli de café un énorme filtre en papier, s'assure que tout est en place. Comme il l'avait prévu, les premiers clients ne tardent guère à arriver. Ils sortent des boîtes de nuit, bien habillés, marchent parfois d'un pas hésitant. Ils passent leurs commandes et paient sans engager la conversation. Ils s'éloignent rapidement en aspirant le café brûlant. Puis c'est le tour des concierges. Le rapport change, Hazrat Ali les connaît tous : « Comment ça va ? Le problème de plomberie est résolu ? » ; – « Bonne journée, à demain ! ».

La clientèle se transforme progressivement à partir de 7h00. C'est maintenant le tour des cols blancs de Midtown Manhattan. C'est l'heure de pointe. Hazrat Ali s'active, la vitesse et la précision de ses gestes ne cesse de m'impressionner. Il se tourne à droite pour remplir de café un gobelet en papier, le pose sur le rebord de la vitrine derrière laquelle il se tient, propose un *doughnut*, encaisse l'argent, rend la monnaie, se penche pour vérifier le débit de gaz, se relève pour saluer un client : « *Good morning, how're you doin'?* » (« Bonjour, comment ça va ? »)

Parmi les centaines de personnes qu'il voit défiler, Hazrat Ali repère les habitués et a un petit mot pour eux. Il me jette un coup d'œil, complice : « Je me fais appeler Harry. Avec mes yeux bridés, personne ne pense que je suis afghan et musulman. C'est préférable, après les attentats de 9/11 ».

À partir de 9h00, les choses se calment un peu. Il évalue d'un coup d'œil ce qu'il n'a pas encore vendu. Il me tend un bagel au pavot et un grand café noir. Tel un sportif après l'effort, il soupire en s'appuyant en arrière : « Voilà ma vie ! ». Il me sourit, mais je sens sa lassitude : « En parleras-tu dans ton prochain livre ? »

À 11h00, il est temps de boucler le *pushcart* et de laisser la place au suivant, un Egyptien spécialisé dans les *hotdogs*. Pendant le trajet de retour vers Williamsburgh, il se met soudain à me parler de sa femme, Ziba, la fille de mon vieil ami Haji Sarwar. Elle est décédée l'année précédente au Pakistan d'une tumeur au cerveau. La maladie a été diagnostiquée quelques semaines après la naissance de leur enfant, à qui ils ont donné le nom de Yasa, le code juridique mongol compilé sous Gengis Khan. Hazrat Ali lutte avec ses émotions, il me souffle d'une voix étranglée : « Elle était pure. Mais tu sais comment sont les gens, ils disent qu'une mort prématurée est le signe d'un péché. Je ne crois pas, je ne crois pas, elle était si pure ! »

Il s'inquiète du sort de leur fils, qu'il souhaiterait faire venir aux États-Unis : « Mais tu as vu le rythme de ma vie… comment puis-je m'occuper d'un enfant ? Il faudrait que je me remarie. Mais je veux obtenir l'autorisation et la bénédiction de Haji Sarwar. »

Mes pensées se tournent également vers Ziba. J'ai logé dans la famille à Quetta, peu après son mariage avec Hazrat Ali. Ce dernier était retourné à New York alors qu'elle était provisoirement restée chez son père, à attendre son visa étasunien. Ziba a été l'une des rares jeunes femmes avec laquelle j'ai pu avoir des conversations longues et répétées. Je passais de beaux moments avec Haji Sarwar, à papoter. Elle nous apportait un plateau avec du thé et quelques friandises. Elle s'asseyait aux côtés de son père. D'abord timide, elle s'était enhardie au fil des jours et me posait des questions sur l'Occident : « Comment est la vie là-bas ? Est-ce que les femmes n'y sont pas isolées ? Ne passent-elles pas leurs journées esseulées à la maison pendant que leurs époux sont au travail ? »

Marque de confiance absolue envers moi mais aussi de tact envers sa fille, Haji Sarwar nous laissait parfois seuls. Il avait compris que Ziba souhaitait aborder des thèmes personnels. Instruite et curieuse, elle semblait néanmoins plus inquiète que réjouie à l'idée de quitter le cocon familial, les repères de son quartier. Pour elle, un déménagement transcontinental allait s'ajouter au changement de statut induit par le mariage, un double déplacement – social et spatial – qu'elle appréhendait. Elle se demandait si les femmes pouvaient toujours faire confiance à leurs maris, si les enfants pouvaient recevoir un encadrement affectif suffisant dans la société américaine. Je ne sais pas si Ziba avait lu Durkheim, mais une ville comme New York était caractérisée dans ses représentations par une situation d'anomie, par l'érosion des valeurs morales et l'absence de régulation sociale. Mais la maladie lui interdira de se confronter à cette réalité.

Comme un écho lointain de ses préoccupations, la femme de Latif, qui a pu – elle – venir à New York, me dit pendant mon séjour : « Tu sais comment est la vie des femmes chez nous ? » J'allais répondre en reconnaissant qu'elle était difficile, à n'en pas douter. Mais elle enchaîne sans me donner le temps de réagir : « Nous sommes parmi nos sœurs, nos cousines, nos tantes. Que de rires pendant la journée, alors que les hommes sont dehors ! Ici, je m'ennuie. Et mon mari est insatisfait, il tourne en rond à la maison comme un lion en cage. »

Malgré des années de travail ethnographique parmi les Afghans, je ne m'attendais pas à une telle remarque.

Prendre conscience de ses idées préconçues est un processus sans fin et il est difficile de résister au battage médiatique qui présente la « femme afghane » comme une victime de l'homme, qui doit être libérée de son asservissement par une aide venue de l'extérieur.

Mon attention retourne vers l'autoroute à huit voies où roule la fourgonnette de Hazrat Ali. Après son installation aux États-Unis, ce dernier est retourné à plusieurs reprises au Pakistan, où sa réussite est reconnue. Né au Hazarajat dans une famille de paysans, son parcours migratoire couronné de succès lui permet d'épouser une femme d'un milieu supérieur au sien, la fille d'un notable issu des familles hazaras les plus anciennement installées à Quetta. La mobilité géographique s'est accompagnée d'une mobilité sociale. Ces mariages transnationaux ne sont pas rares. Ils permettent souvent aux migrants qui ont réussi à améliorer leur statut au sein de leur groupe transnational : plusieurs bénéficiaires d'un permis de résidence et a fortiori les détenteurs de la citoyenneté américaine ont ainsi épousé des femmes d'extraction sociale plus favorisée et qui leur seraient très probablement restées inaccessibles dans le lieu d'origine. Alors qu'en Afghanistan, la tendance est à l'hypergamie, les femmes circulant matrimonialement vers le haut, la migration ouvre de nouvelles possibilités et contribue à redéfinir les hiérarchies, les statuts sociaux et les rapports de genre.

Je retrouve Hazrat Ali lors d'un passage à New York au printemps 2018. Il s'est remarié à Quetta ; il a pu faire venir son fils et sa deuxième femme, avec laquelle il a eu une petite fille. Ses affaires ont prospéré. Lassé par de longues années de travail nocturne, il vient de se lancer avec son frère Latif dans la fabrication de *pushcarts*. Au volant de sa Lexus, il me montre avec fierté leur atelier, dans le quartier d'Astoria. Ils emploient plusieurs personnes. Toutes sont issues de la migration, mais ce ne sont pas tous des Afghans ou des Pakistanais.

Hazrat Ali a fait le parcours exemplaire célébré au Musée de l'immigration d'Ellis Island du nouvel arrivant qui a progressivement gravi les échelons de la société américaine. Sa vie l'a mené des hauts plateaux de l'Afghanistan central à la ville pakistanaise de Quetta, puis à Tachkent et enfin à New York. Son itinérance a été ponctuée de nombreuses épreuves. À force de travail et de patience, il a connu une belle réussite économique et ses qualités d'entrepreneur sont reconnues au sein de ses réseaux sociaux transnationaux. Peut-être parle-t-on de lui dans les maisons de Jaghori ou de Quetta ? Peut-être sa trajectoire nourrit-elle l'imaginaire du migrant qui réussit ?

Dans le cadre de ma recherche financée par la Fondation MacArthur, je poursuis mes itinérances transnationales et passe les mois d'août et de septembre 2006 entre l'Australie et la Nouvelle-Zélande. Les premiers Afghans sont arrivés sur le continent australien dans les dernières décennies du XIXe siècle comme chameliers[1]. Plus récemment, dans les années 1980 puis surtout dans la première moitié des années 1990, des

---

1. Leurs caravanes approvisionnaient les ouvriers qui travaillaient dans les mines et les carrières isolées dans le désert ainsi que ceux qui participaient à la construction des chemins de fer (voir Stevens, 1989).

Afghans issus des classes moyennes et supérieures urbaines sont parvenus en Australie et se sont établis en majorité à Sydney et à Melbourne. Une troisième vague migratoire comptait les personnes qui fuyaient le régime des talibans entre 1998 et 2001. Il s'agit surtout de Hazaras originaires du centre de l'Afghanistan. Ils ont en majorité voyagé avec un passeport pakistanais – parfois contrefait – qu'ils se sont procurés à Quetta et qui leur donne le droit de se rendre sans visa en Malaisie ou en Indonésie. Ils essaient ensuite de continuer leur route sur de frêles embarcations indonésiennes.

En réponse à ce flux, la politique australienne en matière d'accueil devient de plus en plus restrictive et le gouvernement conservateur de John Howard met en place à la fin 2001 la Solution Pacifique (*Pacific Solution*), un ensemble de mesures strictes visant à empêcher les arrivées clandestines de migrants par voie maritime. Cela consiste tout d'abord à exclure les territoires les plus proches de l'Indonésie – tels que Christmas Island et Ashmore Reef – de la zone migratoire australienne, rendant dès lors impossible d'y déposer une demande d'asile. En parallèle, la marine militaire renforce ses contrôles. Enfin, le gouvernement de Canberra se donne les moyens de déporter les requérants d'asile vers certaines petites îles du Pacifique, en particulier Manus, au nord de la Papouasie-Nouvelle-Guinée, et Nauru, minuscule État indépendant de la Micronésie.

Comme en Europe, les États occidentaux s'efforcent d'externaliser des mesures de réception et de triage. Cette politique se superpose à l'existence de divers

Au-delà des mers : jouer avec les catégories

centres de détention[1]. Des milliers de migrants – en majorité originaires d'Afghanistan et d'Irak – sont ainsi internés, parfois pendant deux ou trois ans. Bénéficiant du soutien des groupes de défense des droits humains, de nombreux Hazaras finissent néanmoins par obtenir le statut de réfugié, souvent après avoir saisi le Refugee Review Tribunal (RRT), qui a pris dans bien des cas une décision contraire à celle – initialement négative – du Department of Immigration and Citizenship[2].

C'est le cas de Mohammad Hanif, qui est lointainement lié par des alliances matrimoniales à Mardan Ali et à ses frères. Il est cependant d'une famille plus aisée. Lorsque je fais sa connaissance, au milieu des années 1990, il mène avec ses deux frères aînés de fructueuses affaires entre Ghazni, Hérat, Mazar-e Sharif et Quetta. L'aggravation du conflit entre les talibans, qui recrutent essentiellement parmi les Pachtounes, et le Hezb-e Wahdat, parti majoritairement hazara et chiite, coupe entre 1997 et 1998 les routes commerciales qu'ils empruntent et ruine leurs activités. Après avoir essayé en vain de reconstituer son capital au Pakistan, Mohammad Hanif tente sa chance sur la route migratoire orientale et parvient à mettre

---

1. Par exemple le site de Woomera (dans le désert de l'Australie méridionale). Administré par une compagnie privée américaine spécialisée dans la gestion des prisons, il aurait accueilli jusqu'à 1 500 requérants d'asile. Il est tristement célèbre pour les nombreuses exactions qui auraient été commises entre son ouverture en 1999 et sa fermeture en 2003.
2. Selon le recensement de 2011, il y avait en Australie 28 597 personnes d'origine afghane (Australian Bureau of Statistics : www.censusdata.abs.gov.au, consulté le 24 octobre 2015).

le pied sur le sol australien en 2000. Pris en charge par une association d'aide aux requérants d'asile, il peut quitter assez rapidement le centre où il avait initialement été placé pour se rendre à Perth, puis dans la région d'Albany, au sud-ouest de l'Australie. Sur place, il trouve un emploi – comme bien d'autres Hazaras – dans les abattoirs industriels. Il reçoit une somme rondelette en dédommagement d'un accident de travail dont il sort physiquement diminué. Fort de son expérience commerciale, il utilise cet argent pour faire l'acquisition de plusieurs terrains à bâtir à Adélaïde. Il sait les revendre avec un certain bénéfice et convainc un nombre grandissant de parents et d'amis de venir s'établir dans la région, s'assurant par là même un statut prééminent.

Au détour d'une conversation, Hanif m'informe qu'un de mes partenaires préférés de discussion lorsque je résidais des années auparavant à Quetta, Wali Khan, se trouvait sur le *Tampa* et se serait finalement établi en Nouvelle-Zélande. Dans la nuit du 26 au 27 août 2001, quelques jours avant que ne se produisent les tristement fameux attentats du 11 septembre, ce cargo norvégien porte secours dans les eaux internationales au sud de Java aux passagers d'un bateau de pêche indonésien en déperdition, le *Palapa 1*. Ce dernier transporte 438 personnes (dont vingt-six femmes et quarante-trois enfants), en grande majorité d'origine afghane et plus spécifiquement hazara, essayant de passer en Australie. Circulant entre le port australien de Fremantle et Singapour, le capitaine Arne Rinnan demande de façon réitérée de pouvoir les débarquer sur la terre la plus proche, Christmas Island, petit

Au-delà des mers : jouer avec les catégories

territoire australien de 135 km² situé à 350 km au sud de Java. Les autorités australiennes, arguant que ces candidats à l'asile ont transité par un autre pays, considèrent qu'il n'est pas de leur responsabilité de les accueillir. Pris au milieu d'un imbroglio diplomatique entre la Norvège, l'Australie et l'Indonésie, inquiet du risque de révolte si le bateau ramenait les migrants à Java, excédé par les atermoiements du gouvernement de Canberra, le capitaine norvégien finit par pénétrer sans autorisation les eaux territoriales australiennes. Un commando des forces armées intervient aussitôt et prend le contrôle du cargo. La plupart des migrants sont embarqués sur un navire militaire et conduits à Nauru. La Nouvelle-Zélande se mêle de l'affaire et décide d'accueillir environ cent cinquante passagers du *Tampa*. Reconnus comme réfugiés, ceux-ci bénéficient dans les années successives d'un programme de regroupement familial. C'est suite à ces évènements que les Afghans mettent pied sur le territoire néozélandais et y forment aujourd'hui une communauté établie en grande majorité à Auckland[1].

Wali Khan, intellectuel engagé dans la défense des droits de la minorité hazara en Afghanistan comme au Pakistan, s'est fait le principal porte-parole des migrants lors de la crise du *Tampa*. Il acquiert par son rôle une grande visibilité médiatique. Une fois installé en Nouvelle-Zélande, il sera l'objet de constantes sollicitations de membres de sa famille élargie et de

---

1. Selon le recensement de 2013, 3 414 Afghans résidaient en Nouvelle-Zélande, dont plus de 70 % dans la seule agglomération d'Auckland (Statistics New Zealand : http://www.stats.govt.nz/Census.aspx, consulté le 22 octobre 2015).

nombreuses connaissances demeurés en Afghanistan, au Pakistan ou ailleurs, qui lui demandent de les faire bénéficier à leur tour des contacts privilégiés qu'il a établis avec les autorités de son pays d'adoption. Rapidement submergé, incapable de répondre à ces attentes, il cherchera à couper les ponts. La rumeur veut qu'il ait changé de domicile, préférant se rendre dans une ville secondaire, et serait allé jusqu'à modifier son nom pour brouiller les pistes.

Dès mon arrivée à Auckland, je demande donc aux Afghans que je rencontre s'ils ont les coordonnées de Wali Khan. Tous me répondent invariablement qu'ils ne connaissent personne portant ce nom. Réaction habituelle, à vrai dire, de gens qui ont appris à se méfier de toute interférence venue de l'extérieur, qu'elle soit étatique ou humanitaire. Pour contourner cet écran protectif, je modifie mon approche : « J'ai connu dans le passé un monsieur nommé Wali Khan. Nous étions devenus de bons amis lorsque je vivais à Quetta. Si par hasard vous le croisez, voici le numéro où je peux être joint. »

Quelques jours plus tard, une voix restée familière malgré les années se fait entendre au téléphone : « Bonjour Sekander. Quelle surprise, de te savoir en Nouvelle-Zélande ! »

Il vit à Christchurch avec son beau-frère, Abdul Hamid, leurs femmes et enfants. Je voyage moi-même avec ma femme enceinte de quatre mois et notre fille de un an et demi. De belles retrouvailles, de celles qui font la beauté de la démarche ethnographique.

Wali Khan donne des cours d'anglais à des jeunes migrants, Abdul Hamid s'est fait chauffeur de taxi.

Au-delà des mers : jouer avec les catégories

Leurs deux familles comptent plus d'une douzaine de personnes. Ils me sortent un classeur bien rangé : des photos de leur passage sur le *Tampa*, les requérants d'asile assis en rangs d'oignons entre les containers, des coupures de presse de leur arrivée en Nouvelle-Zélande, des comptes rendus d'une rencontre avec Helen Clark, alors Première ministre du pays. Ils soupirent. Que de sacrifices consentis, pour en arriver où ils sont ! Wali Khan illustre le cas – finalement assez habituel – d'une personne qui, loin de tirer bénéfice du dense réseau de relations transnationales dans lequel elle s'inscrit, s'efforce au contraire de s'en abstraire et adopte d'autres moyens pour subvenir aux besoins de sa femme et de leurs enfants. Il voudrait s'engager pour les droits sociaux des migrants, se battre pour la reconnaissance politique des Hazaras : « Mais je dois d'abord penser à nourrir ma famille, à éduquer mes enfants ! Mon père ne comprend pas ; il veut que je lui envoie chaque mois de l'argent. Il croit que je suis indifférent à son sort et à celui des autres membres de la famille. »

Comment expliquer ce qu'est la vie dans un pays comme la Nouvelle-Zélande ? Il me reparle de son ancien projet de travailler sur un livre démontrant que les Hazaras vivent depuis des temps immémoriaux dans le territoire de ce qui deviendra l'Afghanistan, le « pays des Afghans », autrement dit des Pachtounes. Il s'insurge contre le nom même du pays, qui incarne à lui seul ce qu'il décrit comme un « fascisme ethnique ». Tiraillé par sa mauvaise conscience de ne pouvoir aider plus directement ses proches restés en Afghanistan ou au Pakistan, considère-t-il qu'une telle publication lui permettrait de rendre ce qu'il a reçu ? Son discours me semble encore plus passionné que dix ans auparavant à Quetta.

Les membres de la diaspora, cette « catégorie de pratique », comme dirait Rogers Brubaker[1], développent parfois des revendications politiques plus virulentes que dans le pays d'origine. En Afghanistan, Pachtounes, Tajiks, Hazaras ou Uzbeks doivent d'une manière ou d'une autre s'accommoder les uns des autres. Le recours à la violence est une forme d'action politique qu'il faut utiliser après avoir soigneusement envisagé d'autres options. Il ne s'oppose d'ailleurs pas de façon systématique au langage de la légalité. Les deux constituent des manières qui s'entremêlent et se renforcent mutuellement de gagner et de maintenir l'accès à des ressources. Au-delà des discours de nombreux intellectuels comme Wali Khan et des représentations qui mettent l'accent sur les logiques ethniques, qu'elles soient sociales, économiques ou politiques, les pratiques qui prévalent parmi les Afghans sont marquées par le chevauchement de solidarités et l'effort de diversifier les alliances.

Des années plus tard, travaillant à mon manuscrit, je fais quelques recherches sur internet sur mon séjour en Australie et Nouvelle-Zélande. Je tombe sur des communiqués de presse que je mets un moment à comprendre. Un soir de décembre 2008, Abdul Hamid embarque dans son taxi deux fêtards de 16 et 19 ans. En état avancé d'ébriété, ils cherchent à le détrousser. Dans l'altercation qui s'ensuit, Abdul Hamid est poi-

---

1. Brubaker, 2005.

gnardé à mort. Les deux jeunes se rendent ensuite à un karaoké où ils se seraient vantés d'avoir réglé son compte à un chauffeur de taxi. Après avoir traversé toutes sortes d'épreuves, avoir échappé à la guerre, avoir été rejeté par l'Australie mais accepté par la Nouvelle-Zélande, alors qu'il pouvait se croire en sécurité et espérer être en mesure d'avoir enfin une vie paisible, Abdul Hamid a rencontré la violence à nouveau dans les circonstances les plus inattendues, victime d'un crime gratuit, sans motivation politique ni raciste.

Au cours de leurs pérégrinations globales, les Afghans ne se contentent pas de s'adapter au contexte. Ils conservent des liens avec leur terre d'origine. Ils développent en outre entre les lieux où ils s'installent des liens transversaux concrétisés par les forums internet, par de nombreux voyages entre la Suède et l'Angleterre, entre l'Allemagne et les États-Unis, ainsi que par la circulation des candidats et des candidates au mariage.

Éparpillés entre le Moyen-Orient, l'Europe occidentale, l'Amérique du Nord, l'Australie et la Nouvelle-Zélande, l'ensemble des Afghans ont mis sur pied des réseaux migratoires qui forment un véritable système transnational. Ils ont conservé et dans certains cas développé des relations d'entraide et de solidarité fondées sur la diversification des lieux de résidence et la complémentarité des activités économiques. Mais tout n'est pas transnational dans ces migrations. Les relations multiples, les allers-retours et les transferts de fonds relient surtout l'Afghanistan, le Pakistan et l'Iran. Par les regroupements familiaux et les mariages, les pays plus éloignés du lieu d'origine connaissent aussi une certaine circulation. Il n'est toutefois pas exclu que celle-ci diminue au fil des ans en raison des attentes très élevées dont sont l'objet les migrants de la part de leurs parents restés au pays. En revanche, les échanges qui relient de façon transversale les personnes établies dans divers pays occidentaux et qui ne passent plus par l'Afghanistan semblent s'intensifier.

Mais si l'on considère les facteurs structuraux d'ordre démographique et économique, il est peu probable que les flux migratoires globaux se tarissent. De nouveaux migrants afghans ou irakiens, marocains ou sénégalais, haïtiens ou colombiens, vont venir raviver les liens transnationaux tissés précédemment. Un matin de janvier 2009, je reçois ainsi un coup de fil du fils de Mardan Ali. Khodadad, que j'ai connu en Afghanistan lorsqu'il apprenait à marcher plus de treize ans auparavant, est à peine arrivé dans un pays de Scandinavie et y a déposé une demande d'asile. J'avais eu écho qu'il avait quitté la maison familiale sans le consentement de ses parents et était parvenu en Grèce après avoir transité par Karachi, l'Iran et la Turquie. Un long et périlleux parcours pour un adolescent âgé de 15 ans à peine ; mais un tel périple, renvoie à la destinée de nombreux Afghans qui fuient la violence, cherchent à améliorer leurs conditions de vie mais aussi à prouver leur valeur. Si Khodadad parvient à construire son futur en Europe, il sera appelé à accueillir d'autres membres de sa parenté, contribuant ainsi, à sa mesure, à l'expansion des vastes réseaux afghans dans le monde et au renouvellement des liens transnationaux.

Chapitre 8

La Grèce,
filtre de tous les espoirs

> « *Je suis fini maintenant, douze ans de ma vie dans ce pays à poursuivre un rêve qui ne s'est pas réalisé... je ne suis plus un enfant et ne deviendrai jamais un homme !* »
>
> Un Afghan rencontré à Athènes

En janvier 2015, je me retrouve en Grèce pour un projet mandaté par le Haut Commissariat des Nations unies pour les réfugiés. L'agence onusienne a chargé une équipe de chercheurs composée d'Antonio Donini, Giulia Scalettaris et moi-même de documenter la situation des Afghans en plusieurs pays européens et les divergences de pratiques concernant la détermination du statut de réfugié[1]. L'un des buts du projet est de lancer un débat entre les autorités nationales compétentes pour harmoniser les procédures, développer des réponses plus cohérentes et ainsi améliorer le sort d'une population considérée comme particulièrement

---

1. Donini, Monsutti et Scalettaris, 2016.

vulnérable. Les Afghans constituent en effet depuis les années 1990 l'un des plus importants groupes de demandeurs d'asile dans les pays de l'Union européenne. S'ils transitent presque tous par la Grèce, les Balkans ou l'Italie, c'est le nord de l'Europe – Allemagne, Belgique, Suède, Royaume-Uni – qu'ils espèrent atteindre pour déposer leurs requêtes. Leur particularité est double par rapport à d'autres migrants : le nombre de femmes est comparativement faible alors que celui des mineurs non accompagnés est élevé.

Je suis accueilli chaleureusement à Athènes par le responsable de la section protection de l'agence onusienne pour les réfugiés et ses collaborateurs, même s'ils semblent plutôt perplexes sur ce que mon point de vue sociologique peut apporter à leur travail. On m'explique en détail la réforme en cours de la procédure d'asile en Grèce. Le pays, frappé de front par la crise de sa dette publique, est en pleine effervescence électorale. Les autorités font face à un dilemme dans le domaine de l'asile. D'une part, elles doivent appliquer les mesures d'austérité exigée par la troïka, constituée par la Commission européenne, la Banque centrale européenne et le Fonds monétaire international. D'une autre part, elles ont été invitées à concevoir une nouvelle législation en matière d'asile conforme aux normes de l'Union européenne. La réforme est mise en œuvre sans moyens et à un moment où la pléthorique administration publique est en pleine cure d'amaigrissement. Elle est pourtant un succès au niveau formel, avec des taux d'acceptation de demandes d'asiles passant de moins de 1 % en 2009 à plus de 60 % en 2013 en ce qui concerne les Afghans.

La Grèce, filtre de tous les espoirs

Toutefois, la réalité que je découvre vite sur le terrain ne reflète guère cette évolution spectaculaire des chiffres. Mercredi 28 janvier 2015, je visite le Centre d'accueil dirigé par les autorités grecques près de Mytilène, ville principale de l'île de Lesbos. La représentante locale de l'agence des Nations unies pour les réfugiés me présente au chef de la police. Cet homme d'âge moyen a l'air désenchanté mais n'est pas indifférent à la situation des personnes qui arrivent sur les rivages de son pays. Il semble presque content de me laisser découvrir les médiocres conditions de travail de son équipe et l'absurdité de la situation.

Nous passons devant le tout nouveau centre d'accueil financé par l'Union européenne. « Pas de personnel ! » commente sobrement mon guide. « L'UE ne paie que les infrastructures, pas les salaires. »

J'accède au site adjacent où les Irakiens, les Afghans et leurs compagnons d'itinérance sont entassés derrière des barbelés. Je parle d'abord à la jeune doctoresse en charge de la petite équipe de Médecins du Monde qui gère le dispensaire. Elle proclame joyeusement : « Au moins, ici, ils sont en sécurité ! »

Je regarde autour de moi et trouve difficile de partager sa bonne humeur. Je suis approché par un groupe de Kurdes irakiens. Comme je n'ai pas accès à leurs quartiers d'habitation, ils demandent d'emprunter mon téléphone portable pour prendre des photos, insistant sur le fait que je dois connaître leurs conditions d'hébergement. Me prennent-ils pour un représentant des Nations unies ou un journaliste ? Ils reviennent avec une série d'images écœurantes : des matelas éventrés, des lavabos descellés des murs, des cuvettes de toilettes bouchées... Comme je demande s'il y a des personnes originaires d'Afghanistan, deux jeunes hommes s'approchent de moi. Âgés de 20 ans à peine, vêtus de simples trainings, une écharpe nouée autour de leurs cous, ils sont couverts de boue, détrempés et frigorifiés. Suspicieux de prime abord, ils n'arrêtent plus de parler une fois qu'ils prennent conscience que je parle persan. Reza et Mahdi sont originaires du centre de l'Afghanistan, d'une région où j'ai passé du temps autrefois, mais ils ont grandi en Iran. Ils ont traversé la mer la nuit et ont accosté à Lesbos le matin même.

Ils parlent des vexations subies pendant leur jeunesse en Iran, de leur manque de confiance dans l'avenir politique et économique de l'Afghanistan, de leur sentiment d'être investis par leurs familles de la mission de réussir, d'obtenir un statut légal quelque part, en Allemagne ou en Suède, puis de fonder une famille en faisant venir une fille de leur village d'origine. Ils répètent à de nombreuses reprises, comme pour s'en convaincre : « Ce n'est pas l'Europe ici, hein, ce n'est pas l'Europe ! »

Plus que déçus ou indignés, ils ont l'air incrédules. Ils attendaient quelque chose d'autre de l'Europe et ils réagissent à la discordance entre leurs espoirs et ce à quoi ils font face par une dénégation défensive : ils n'ont pas encore atteint le cœur de l'Europe, l'endroit où leur souffrance sera écoutée.

Les besoins de ma recherche me conduisent également à Patras, port d'embarquement pour l'Italie situé sur la côte nord du Péloponnèse. Je sais que le fameux campement visité en 2009 par Michel Agier et Sara

La Grèce, filtre de tous les espoirs

Prestianni[1] a été démantelé. Pour savoir comment la vie des itinérants s'organise, je me rends auprès d'une ONG gérant l'un des rares centres d'hébergement du pays pour les familles et les mineurs non accompagnés. J'accompagne une assistante sociale à un petit local où sont proposées pendant la journée quelques activités aux jeunes itinérants, la possibilité d'accéder à internet ou de prendre une douche. J'ai la grande surprise d'y retrouver Moa, une doctorante norvégienne connue quelques années auparavant lors d'une conférence. J'y rencontre également un groupe d'Afghans, Hazaras pour la plupart, des hommes exclusivement, mineurs ou jeunes adultes. Beaucoup sont nés en Iran ou y sont arrivés très jeunes. Sans permis de résidence, sans perspective d'avenir, faisant face au risque constant d'être expulsés vers leur pays d'origine, qu'ils ne connaissent pas, ils ont décidé de tenter leur chance vers l'Europe dans un massif *Drang nach Westen*. Certains viennent de Quetta. Comme nous l'avons vu, alors que cette ville pakistanaise avait été pendant longtemps un refuge pour les Hazaras fuyant la violence, ceux-ci sont devenus la cible d'attaques de groupes extrémistes sunnites. D'autres sont partis d'Afghanistan mais ont transité par le Pakistan ou l'Iran, où ils ont pu séjourner une année ou deux pour travailler et économiser l'argent nécessaire à financer leur périple vers l'Europe.

Est-ce une situation de « migration mixte », où réfugiés et migrants économiques suivent les mêmes parcours ? Ou cette notion se révèle-t-elle inadéquate

---

1. Agier et Prestianni, 2011.

pour saisir les nuances d'une conjoncture qui doit être replacée dans un cadre transnational ? Le Haut Commissariat des Nations unies pour les réfugiés a fait appel à cette notion dans le but de discerner les réfugiés des autres personnes qui empruntent les mêmes routes migratoires, considérant que les membres de ces deux groupes ont des raisons différentes de quitter leurs lieux d'origine et des besoins distincts d'être protégés. Loin des catégories dont se nourrit la bureaucratie des États et des agences onusiennes, les frontières entre ceux qui cherchent une vie meilleure et ceux qui fuient la violence me sont toujours apparues comme floues, voire non pertinentes pour éclairer les pratiques et stratégies sociales que j'observe. D'où la nécessité d'inventer ma propre terminologie en parlant d'« itinérants ». Mais la question demeure : pourquoi les Hazaras – en particulier ceux qui vivent en Iran – produisent-ils tant de mineurs non accompagnés et de tout jeunes adultes ? Qu'ils séjournent en Afghanistan, en Iran ou au Pakistan, beaucoup considèrent que leur avenir politique, social et économique est bouché dans la région. Ils envoient leur jeunesse sur les routes périlleuses de l'Europe ou l'Australie. Ils se défient du gouvernement afghan, qui les a réprimés dans le passé, ils s'estiment discriminés par les autorités et la population en Iran, et se sentent abandonnés par la police à la violence terroriste au Pakistan.

Par bravade, un jeune homme qui commence à peine à avoir un petit duvet sur la lèvre propose de me faire visiter les endroits où lui et ses compagnons de voyage passent leurs nuits, deux usines abandonnées en face des installations portuaires qu'ils appellent

La Grèce, filtre de tous les espoirs

Sherkat-e Surkh et Sherkat-e Chobi (littéralement « l'Usine rouge » et « l'Usine de bois »). Je suis trop heureux de saisir cette occasion et le prends au mot. Il est probablement surpris de me voir accepter si promptement, sans égard pour les règles habituelles de courtoisie qui veulent que l'on refuse une première invitation. Mais il s'exécute. Moa nous accompagne. Elle me souffle qu'elle n'a pas encore visité ces lieux, alors qu'elle est à Patras depuis plusieurs semaines.

Nous marchons une vingtaine de minutes le long d'une voie de chemin de fer. Je découvre des conditions de vie déplorables. Des toits en tôle défoncés, des murs en ciment qui suintent d'humidité, le sol recouvert de morceaux de verre brisé, des flaques d'eau croupissante, des amoncellements de détritus laissés par les générations d'itinérants qui les ont précédés. Quelques modestes témoignages signalent pourtant la volonté obstinée de se réapproprier ces lieux inhospitaliers : un fourneau bricolé avec des plaques de tôle pour chauffer l'eau, un tuyau d'arrosage pour se doucher, deux marmites et quelques couverts légués par les inconnus qui sont passés par là auparavant, des habits mis à sécher sur une cordelette tendue entre deux poteaux... On me fait monter dans un conduit d'aération, à plus de cinq mètres de hauteur. Un espace étouffant, quelques couvertures qui sentent le moisi et la transpiration. C'est là que mes interlocuteurs se cachent la nuit après avoir retiré l'échelle pour échapper aux contrôles policiers. Seuls ceux qui ont des moyens prennent contact avec des passeurs qui les logent dans des appartements, dans l'attente de leur transit en Italie. Ils sont considérés avec envie par les jeunes que j'accompagne. « Qu'espériez-vous en venant ici ? Quelles étaient vos attentes ? », demandé-je. « J'espérais une nouvelle vie [*zendegi-ye tâza*]... Ce n'est certainement pas ainsi que j'imaginais l'Europe », me dit Husain Bakhsh, 17 ans, dont le frère a été tué l'année précédente dans une embuscade sectaire à Quetta.

Lui et ses camarades mentionnent des choses simples mais fondamentales : la possibilité de recevoir une bonne scolarité, de fonder une famille, de ne pas être insulté dans la rue parce que l'on est originaire d'Afghanistan, de ne pas craindre pour sa vie parce que l'on est chiite... Nous sommes décidemment loin de la dichotomie entre réfugiés et migrants économiques. Comment accuser ces jeunes hommes d'être des profiteurs qui tentent d'abuser du système d'asile européen ? Je regarde autour de nous et leur demande si c'est ce qu'ils ont obtenu ; ils hochent la tête les yeux dans le vide. Mais à la fin de ce terrible voyage, ils ont l'espoir d'accéder à des possibilités dont ils ne pouvaient rêver en Afghanistan, au Pakistan ou en Iran ; ils imaginent épouser une jeune fille de leur village d'origine, la faire venir en Europe, pouvoir accueillir leurs parents vieillissants. Leur trajectoire spatiale et sociale sera citée à la jeune génération comme un exemple de réussite.

Je sens une légère tension entre les mineurs (*zer-e sin*) et les personnes ayant atteint l'âge de la majorité (*bâlâ-ye sin*), qui ne sont pourtant séparés parfois que de deux ou trois années. Je n'avais pas entendu ces expressions au cours de mes séjours précédents en Afghanistan, au Pakistan ou en Iran, où les personnes n'ont qu'une idée approximative de leur date de naissance et donc de leur âge. Un mineur désigne en blaguant un jeune homme de 22 ans en disant que c'est le grand patron des lieux, le doyen du groupe. Le personnage en question, Taher Ali, est l'un de ceux qui est venu d'Afghanistan. Il n'a guère fait que transiter par l'Iran et séjourner plusieurs mois en Turquie, où il a trouvé un travail manuel qui lui a permis de se renflouer et d'acquérir le pécule nécessaire à la poursuite de son itinérance. Il prend la parole d'un ton badin : « Ces garçons ont grandi en Iran ; ce sont juste des enfants immatures qui doivent être guidés ».

Il ajoute plus sérieusement, avec un soupçon de jalousie, qu'ils pourraient obtenir un statut plus facilement en raison de leur âge. La conversation se développe. Il n'a pas de famille en Europe. Il a entendu dire que deux ou trois personnes de sa vallée étaient en Allemagne, mais il n'a pas leurs adresses. Il trouve un moyen d'appeler les siens de temps à autre. « Mais c'est difficile vous savez... que puis-je dire à ma mère ? » Il balaie du regard le hangar où nous nous trouvons : « Que je vis sur un tas d'ordures ? C'est ça qui me pèse le plus : mentir à ma famille. Alors je dis que j'ai trouvé une belle chambre et suis bien nourri. Mais c'est délicat, il ne faut pas élever les attentes... sinon, ils vont commencer à demander qu'on envoie de l'argent en Afghanistan. »

L'absence de perspectives en Iran, la violence croissante au Pakistan, l'ombre du passé, le manque de confiance dans le gouvernement actuel en Afghanistan ainsi que la peur des talibans poussent ces adolescents et jeunes adultes sur les routes périlleuses de l'Europe.

Ils prennent des risques, ils sont prêts à rembourser – économiquement et socialement – leurs familles, qui ont parfois vendu des biens pour financer le voyage. Pour eux, cela ne fait aucun doute : réussir leur parcours migratoire signifie atteindre l'Allemagne ou la Suède. La réforme du système de l'asile et la forte probabilité d'obtenir un statut de protection en Grèce sont tout simplement non pertinents.

Pour eux, le déplacement spatial va également de pair avec l'émancipation sociale, économique et politique. Il faut restituer la quête de sens et de reconnaissance qui est la leur. Leurs motivations et aspirations ne peuvent être comprises dans un modèle exclusivement matérialiste, qui se limite aux questions de sécurité ou reste pris dans une dichotomie entre les causes politiques et économiques de la migration. La mobilité participe à un subtil mélange de concurrence et d'économie morale. D'une part, le voyage vers l'Europe est conçu comme une école de la vie où seuls les plus forts réussiront. D'autre part, la dispersion des unités domestiques est considérée comme un moyen de répartir les risques au niveau collectif et représente une assurance sociale, économique et politique. Les mineurs non accompagnés et les jeunes adultes hazaras sont investis de la double mission de prouver leur valeur en affrontant des épreuves formidables et de préparer un avenir meilleur à une communauté mise sous pression pour des raisons différentes en Afghanistan, en Iran et au Pakistan.

Par ailleurs, l'univers de l'itinérance ne se limite pas à la seule circulation des personnes, mais également à celle de services, de marchandises et d'argent ; elle est indissociable d'un réseau transnational d'échange et de redistribution entre les jeunes migrants et leurs proches qui sont restés dans le pays d'origine (l'Afghanistan) ou de premier asile (Pakistan et Iran). S'ils mentionnent souvent leur désir de s'émanciper de l'emprise de leur famille, mes jeunes interlocuteurs savent qu'on attend des formes de redistribution (envoi d'argent et accueil des nouveaux venus) de ceux d'entre eux qui réussissent. La migration est ainsi imprégnée par un code de conduite qui implique des obligations et des responsabilités mutuelles, un système de valeurs qui définit ce que signifie, pour ces mineurs non accompagnés et ces jeunes adultes, de réussir leur parcours et ainsi d'être reconnu comme des hommes de qualité.

À l'opposé du spectre social se trouve une personne comme Liaqat Ali. Établi depuis de nombreuses années en Grèce, il a créé avec quelques autres une association faîtière qui réunit des migrants de diverses origines. Grâce à ses connaissances linguistiques (il parle grec et anglais couramment), il est un intermédiaire important pour les Afghans en transit, mais il est aussi considéré comme un interlocuteur incontournable par les autorités nationales et les organisations internationales. Il se situe à la charnière entre la société grecque et le monde souterrain de l'itinérance, position qui n'est pas sans ambiguïté. Considéré par les uns comme un bon exemple d'intégration, il est parfois soupçonné par les autres de redistribuer les ressources auxquelles il a accès de façon sélective.

Je l'accompagne pendant un après-midi à Athènes pour me faire une idée de ses activités. Ensemble, nous visitons un immeuble abandonné non loin de l'avenue Acharnon, où se concentrent de nombreux migrants du Moyen-Orient. En pénétrant dans la cage d'escaliers, l'odeur d'urine me prend au nez ; mon pied écrase dans le noir une seringue, qui gît parmi d'autres détritus. Nous montons au premier étage, où séjournent deux mères de famille et leurs enfants de 5 à 17 ans. Elles ont été déposées une nuit par les passeurs qui leur ont fait traverser la frontière turco-grecque. Elles ont fait de leur mieux pour rendre les deux pièces qu'elles occupent habitables : une vieille moquette, quelques couvertures, un réchaud à gaz. Des tranches de pain toast sont disposées sur un foulard. Elles les ont humectées pour les attendrir avant de les chauffer sur la flamme.

Assis en tailleur, nous engageons la conversation. Liaqat Ali me présente comme un chercheur qui travaille depuis des années avec les réfugiés afghans et qui est venu en Grèce avec un mandat du HCR. Les deux femmes me parlent avec liberté. Elles sont loquaces. Quelles sont leurs attentes à mon égard ? Pensent-elles que je peux faciliter leur migration vers le nord de l'Europe ? Quant à moi, je brûle de curiosité : où se trouvent les pères ? Sont-ils partis sans laisser d'adresse ? Ont-ils disparus au cours du conflit ? Sont-ils restés tactiquement en arrière ou au contraire sont-ils partis en éclaireurs ? Mais ces questions sont trop sensibles pour être posées. En interrogeant frontalement les femmes, je n'obtiendrais aucune réponse et n'arriverais qu'à les rendre suspicieuses. Il est probable qu'elles cesseraient de me parler si spontanément. Même Liaqat Ali ignore tout du sort des hommes adultes de la famille. Respect pour la

La Grèce, filtre de tous les espoirs

souffrance d'une séparation non voulue ? Ou secret bien gardé concernant les stratégies migratoires ?

La plus jeune, qui doit avoir 35 ans environ, a utilisé une partie de ses économies pour envoyer sa fille de 7 ans en Finlande, où se trouve sa sœur. En tant que mineure non accompagnée, la probabilité que sa fille voie sa demande d'asile acceptée est élevée, commente-t-elle sans ambages. Elle l'a confiée à un passeur qui s'est arrangé pour lui faire prendre l'avion. Elle ne sait pas les détails, seulement qu'elle a déboursé 3 000 euros. Dès que sa fille aura vu sa situation régularisée, elle pourra faire une demande de regroupement familial. La mère passe affectueusement la main dans la chevelure de son fils de 12 ans, assis à ses côtés : « Il joue bien au football. » Elle souhaite lui donner les moyens de devenir un joueur professionnel, « le nouveau Zlatan ! » ajoute-t-elle rêveusement en faisant référence à la fameuse star suédoise issue de l'immigration. L'autre mère, plus âgée, peine à cacher une certaine irritation : « Elle a de l'argent, elle peut faire des projets ». Elle m'explique en sanglotant avoir perdu en mer le sac plastique dans lequel elle avait mis toutes ses valeurs. Le petit bateau pneumatique a tangué et elle a lâché le sac pour agripper son plus jeune enfant. Elle hurle d'une voix de tête : « Que puis-je faire maintenant ? Nous sommes bloqués ! » À nouveau, les catégories avec lesquelles les États et les organisations humanitaires gèrent les flux migratoires me semblent vaines.

Je passe également de nombreux après-midis et soirées dans le parc d'Arès (Pedion tou Areos, le plus souvent appelé Park-e Aleksandar par les Afghans en raison de la proximité de l'avenue Leoforos Alexandras), à Athènes. Des dizaines d'Afghans s'y retrouvent en fin de journée pour jouer au football ou au volley-ball. C'est l'un de ces lieux de rencontre qui ponctuent les espaces circulatoires des Afghans et des Irakiens, des Syriens et des Érythréens, des Somaliens et des Congolais. Ces points de chute informels changent sans cesse en réponse aux contrôles policiers et à l'hostilité des habitants des quartiers avoisinants. Les nouveaux arrivants ont glané quelques noms en chemin ; il est vital pour eux d'avoir ces repères pour savoir où trouver des compatriotes, échanger les dernières nouvelles sur la politique afghane, les trajectoires migratoires et les chances de voir sa demande d'asile acceptée dans divers pays de destination potentiels.

Quelques Africains participent aux activités sportives aux côtés des Afghans, fraternité fugace de gens réunis par les aléas d'un même périple. Les femmes et les enfants sont assis à distance. On plaisante, on se dispute pour une passe ratée ou une bousculade. Mais les visages se font graves lorsque j'engage la conversation avec quelques hommes qui sont debout sur le bord du terrain de volley-ball. Certains me regardent avec méfiance, mais trois ou quatre entament un plaidoyer passionné contre la façon dont ils ont été traités en Grèce. Mes interlocuteurs sont plus âgés que les jeunes hommes rencontrés à Patras. Ils ont une trentaine d'années, voire plus, et sont pour la plupart en Grèce depuis une longue période.

Omid est l'un des plus véhéments. Ses yeux roulent dans leur orbite. Il me tapote la poitrine du revers de sa main pour ponctuer chacune de ses phrases.

La Grèce, filtre de tous les espoirs

Originaire de Mazar-e Sharif, il a passé une partie de son enfance comme réfugié au Pakistan. Il est arrivé en Grèce il y a douze ans après avoir vécu six ans en Iran. Il a essayé une première fois de rejoindre l'Italie par la mer puis a tenté la voie de terre à travers les Balkans, en vain. Enregistré en tant que demandeur d'asile, il se plaint d'avoir été dans l'incapacité de renouveler le document qui prouve que son dossier est en examen auprès des autorités compétentes. Pour donner plus de poids à ses dires, il sort d'une poche de son blouson un petit sachet de plastique et en extrait une feuille de papier pliée en quatre : « Je suis allé à la police pour le renouveler au moins cinq fois. Chaque fois, on m'a dit de revenir le lendemain... jusqu'à ce que le délai soit dépassé ! Que puis-je faire ? Maintenant que mon document est périmé, je risque d'être arrêté et expulsé. »

Il était encore mineur quand il est arrivé mais il était alors presque impossible d'obtenir un statut en Grèce. Il s'en veut d'avoir perdu son élan et de ne pas avoir été en mesure de continuer sa route. Il perd son calme quand je l'interroge sur le nouveau système d'asile mis en place en Grèce : « Quelle différence ces réformes font-elles pour moi ? Je suis en Grèce depuis si longtemps, je vagabonde sans but, je vis *dar ba dar* [littéralement "porte à porte"]. Tout cela vient trop tard pour moi ».

Son échange avec moi prend une tournure cathartique. Ses yeux s'embuent, sa voix devient stridente : « Je suis fini maintenant, douze ans de ma vie dans ce pays à poursuivre un rêve qui ne s'est pas réalisé... Je ne suis plus un enfant et ne deviendrai jamais un homme ! Qui voudrait donner sa fille à quelqu'un comme moi ? »

Je suis ému mais aussi dérangé par son discours. Plusieurs personnes qui écoutaient la conversation s'éloignent. Ma démarche et mes questions m'apparaissent soudain hors de propos. Avec une vivacité que j'ai rarement expérimentée en Afghanistan, j'ai le sentiment que ma présence est indue. Je souhaiterais trouver les mots pour conforter Omid, dont le nom signifie paradoxalement « Espoir » ; je souhaiterais avoir le pouvoir de proposer des solutions. Je suis moi-même au bord des larmes ; cela me rend furieux contre moi-même. Toujours cette tentation à jouer au démiurge ! Je vais bientôt rentrer à mon hôtel où je m'installerai confortablement pour mettre au propre mes notes et consulter mon courrier électronique.

Je m'accroche toutefois à l'idée que l'ethnographie peut être plus qu'un jeu d'auteur, que la recherche peut être un acte citoyen. Face à ces bribes de vie, les catégories bureaucratiques volent en éclats. Une part des traumatismes qu'affrontent les Afghans que je rencontre ne provient pas de la violence qui sévit dans leur pays d'origine ou de l'absence d'intégration dans le pays de premier accueil. Le déplacement est en lui-même une source de tensions et de souffrances. Mais ce n'est pas toujours à cause des exactions des passeurs, si immanquablement vilipendés dans les médias occidentaux et accusés d'exploiter la détresse humaine. Omid s'en prend à l'arbitraire des politiques de l'Union européenne et des États qui la composent. En l'écoutant, je ne peux m'empêcher de penser que le projet des États-nation n'a pas amené une réelle amélioration de la condition humaine. Pourquoi l'humanité n'a-t-elle pas cherché d'autres façons d'organiser la vie collective ?

Ces doutes qui m'animent sur la manière dont les catégories de « migrant » et de « réfugié » sont conçues, sur le coût humain des définitions qui inspirent la pratique des États et des Nations unies, sur leur décalage face aux aspirations et aux trajectoires de itinérants que je rencontre à Lesbos ou Athènes, ont vite conduit à des mécompréhensions avec les employés du HCR en Grèce mais aussi au siège de Genève. Très vite, des différences de perspective sont apparues. Pour ces derniers, la transparence est un bienfait ; les États et les candidats à l'asile auraient des intérêts compatibles ; il serait dès lors essentiel de faire communiquer les différents acteurs en présence et d'expliquer aux requérants d'asile les options légales qu'ils ont à disposition. Nos interlocuteurs ne doutent pas un instant que les personnes qui ont effectivement besoin de la protection internationale adhèrent aux termes mêmes qui définissent le régime des réfugiés.

Revenons quelques mois en arrière. À Malmö, en juillet 2014, le HCR organise un atelier pour marquer le début officiel du projet qui est confié à mes collègues et à moi. Un haut fonctionnaire de l'Agence suédoise pour les migrations interroge Safa, un jeune réfugié hazara, devant le groupe de participants, composés par des représentants des diverses autorités nationales en matière d'asile, des employés du HCR et l'équipe de recherche. Le premier croise les jambes, dispose ses grandes mains sur ses genoux, penche la tête, pose ses questions d'un ton suave. Le second répond sans hésiter mais d'une voix mesurée. L'échange se déroule en suédois, alors qu'il s'avère vite que Safa s'exprime couramment en anglais également, langue dans laquelle se déroule la réunion. L'officiant ponctue les réponses qu'il reçoit en hochant la tête pour souligner qu'elles sont en adéquation avec ses attentes. Il se tourne vers l'audience pour traduire.

Je suis tellement abasourdi que je peine à réprimer un fou rire. J'ai l'impression d'assister à une représentation théâtrale, à une mise en scène du « bon requérant ». En célébrant la capacité d'un individu à s'intégrer, ne minimise-t-on pas les obstacles structurels auxquels font face les candidats à l'asile ? Cérémoniel d'adhésion aux règles des dominants, qui s'efforcent de contrôler l'espace public et de transmettre l'image qu'ils souhaitent donner d'eux-mêmes et de leurs pratiques bureaucratiques. Sommes-nous dans une situation d'hégémonie où les dominés – les requérants d'asile – souscrivent aux valeurs des dominants – les gardiens de l'asile ? Le dialogue que j'engage avec Safa pendant la pause me convainc vite du contraire. Il s'étonne de m'entendre parler en hazaragi et son expression faciale subit une transformation immédiate. Sûr de ne pas être compris par les personnes qui nous entourent, il n'hésite pas à exprimer ses doutes envers le système d'asile dont il vient de chanter les louanges. Ayant déposé le masque qu'on lui faisait porter, il endosse un autre rôle social : celui du porte-parole des difficultés rencontrées par ses pairs, moins chanceux que lui dans leurs démarches administratives. Sans remettre en cause de façon frontale la légitimité des procédures d'asile, il sait se servir du discours officiel

La Grèce, filtre de tous les espoirs

dans un sens qui lui est propre et qui n'est pas celui de son interlocuteur de l'Agence suédoise pour les migrations.

Les participants à la réunion de Malmö, qu'ils travaillent pour les administrations nationales ou le HCR, s'appuient sur la conception des migrations que j'ai questionnée sans relâche, celle qui différencie de façon étanche migrants économiques et réfugiés. Les uns partent de chez eux dans l'espoir d'améliorer leur qualité de vie, alors que les autres sont forcés de fuir pour sauver leur existence ou préserver leur liberté. Lorsque les membres des deux catégories circulent le long des mêmes routes et utilisent les mêmes moyens, on parle dans ce modèle de « migration mixte ». L'existence même du HCR repose sur l'idée que les réfugiés sont fondamentalement différents des migrants et par conséquent traités de façon différente par le droit international. La mission de l'Agence onusienne est dès lors de faire le tri et d'identifier les personnes qui peuvent prétendre à une forme ou une autre de protection internationale. La simplification est inévitable pour intervenir dans les processus de décision politique.

Pour le chercheur que je suis, la compréhension des phénomènes sociaux ne peut être ordonnée selon des catégories juridiques, aussi légitimes soient-elles. Une vision stato-centrique et bureaucratique de la vie sociale se cache derrière la volonté affichée par les organisations humanitaires de soulager la souffrance. Les stratégies ne peuvent être comprises au niveau des seuls individus mais doivent être replacées dans le cadre de l'unité domestique, voire du groupe de solidarité élargi. Différentes modalités d'itinérance se tissent, mais elles forment un système dont la logique profonde consiste en diversifier les trajectoires et les destinations, les statuts juridiques, les affiliations politiques, les activités économiques.

Bien que les Afghans viennent en Grèce depuis des années et ont constitué à plusieurs reprises, par exemple en 2014, le premier groupe d'origine parmi les demandeurs d'asile, la plupart des personnes que je rencontre dans les parcs d'Athènes ou au centre d'accueil de l'île de Lesbos, qui fait face à la Turquie, rêvent tous de continuer leur voyage vers le nord de l'Europe. La probabilité de recevoir une forme ou une autre de protection est élevée en Grèce ? Qu'importe, puisque aucune mesure d'accompagnement n'a été mise en place, aucune politique d'intégration sociale et professionnelle n'a été prévue. Certains sont des citadins. Ils voyagent souvent en famille voire en groupe de familles, ce sont les membres de la classe moyenne émergente dont le style de vie était lié à la présence internationale. Ils se sentent menacés après le retrait de nombreuses organisations humanitaires et la plupart des troupes étrangères. Ils ont vendu ou loué leurs propriétés pour financer leur voyage en Europe. D'autres sont des mineurs non accompagnés ou des jeunes adultes de sexe masculin, pour la plupart des Hazaras. Si certains sont partis de leur pays d'origine, beaucoup sont nés ou ont grandi en tant que réfugiés en Iran ou au Pakistan. Beaucoup de Pachtounes des régions rurales du sud et de l'est de l'Afghanistan se trouvent également parmi les candidats à l'asile. Âgés le plus souvent de 20 à 35 ans, ils sont pris en tenaille entre le gouvernement et l'insurrection ; ils partent avec l'espoir de pouvoir être rejoints par la suite par leurs familles. Ces hommes fuient la guerre tout autant que l'enrôlement forcé. S'ils restent dans leurs villages, ils seront obligés de prendre parti, soit pour le gouvernement, soit pour l'insurrection. La neutralité n'est pas possible. Ils s'échappent d'un conflit qui n'est pas le leur, d'un choix où les deux alternatives sont également inacceptables à leurs yeux.

Les personnes que j'ai rencontrées peuvent jouer mais aussi se jouer de l'ordre humanitaire. Souvent contraints à mettre en scène la vulnérabilité que les institutions nationales et internationales attendent des réfugiés pour obtenir bienveillance et assistance, ils développent en parallèle à cette performance publique des « arts de la résistance », pour utiliser l'expression de James Scott. À l'image de Safa, ils ne sont pas en position de contester la légitimité de la manière dont les migrations sont conceptualisées et gouvernées au niveau des États et des organisations internationales. Contraints en public à acquiescer à l'ordre juridique et bureaucratique des choses, ils brouillent les cartes en coulisse et développent des stratégies derrière un voile d'opacité.

Certes, les chercheurs qui travaillent sur les migrations forcées rencontrent des personnes extrêmement vulnérables ; certes, ils documentent des situations de souffrance humaine extrême. Il est dès lors difficile de justifier une perspective distancée qui n'aurait aucune pertinence pour les politiques d'aide, d'accueil et d'intégration des demandeurs d'asile. Le risque est néanmoins d'accepter le cadre de référence et d'action des institutions qui structurent le champ de l'asile, que ce soit au niveau des États, de l'Union européenne ou des Nations unies. Il est intellectuellement paresseux et moralement douteux de se couler dans les concepts et les priorités définis par les décideurs et les praticiens au nom d'une quelconque efficacité sur le terrain, d'identifier ses domaines d'étude, de poser ses questions de recherche et de formuler ses hypothèses en réponse aux préoccupations du HCR. Peut-être est-il temps de plaider pour une recherche politiquement inadéquate, en rupture avec les catégories de pensée et d'action des décideurs[1]. En s'affranchissant des conventions de la recherche appliquée, des contraintes de l'efficacité pratique, il sera peut-être possible de contester ce qui est pris pour acquis, les présupposés qui sous-tendent le champ même du régime des réfugiés.

Une telle approche permettrait de rendre l'invisible visible, de démonter les mécanismes par lesquels la distinction entre migrations forcées et volontaires, dans le cas qui nous occupe, appauvrit les débats politiques en Europe et ailleurs tout en prenant en otage l'opinion publique. Ce faisant, les chercheurs se feraient véritablement citoyens et pourraient escompter apporter des changements fondamentaux dans la vie des hommes et des femmes catégorisées comme requérants d'asile.

Espoir insensé, lorsque j'écoute les discours de mes voisins ou allume la télévision. Malgré de nombreuses démonstrations de solidarité, l'hostilité envers les requérants d'asile semble s'étendre en France, en Suisse ou en Italie, où la population s'habitue à voir suspen-

---

1. Bakewell, 2008.

dus au quotidien les droits fondamentaux de certaines catégories de personnes. Comment pouvons-nous analyser l'importance que les questions migratoires ont acquise dans les discours politiques européens et nord-américains et les perceptions publiques ? Comment pouvons-nous comprendre le rejet des migrants ? Si l'on considère la soi-disant crise migratoire européenne de 2015, comment pouvons-nous expliquer que certains segments parmi les plus aisés de la population mondiale se sentent menacés par une poignée de demandeurs d'asile ? En fin de compte, comment pouvons-nous comprendre que le « sentiment d'être en état de siège »[1] est devenu omniprésent dans le monde occidental ?

---

1. Hage, 2016.

Chapitre 9

Europe, mon amour, ou les ruses de l'itinérance

« Tu n'es pas comme les gens d'ici... on dirait un Afghan. »

Un requérant d'asile de Kandahar

Frioul, juillet 2015. Je passe en voiture devant les panneaux familiers : « Alta Val Torre Terska Dolina », puis : « TARCENTO TARCINT Medaglia d'Oro al Merito Civile ». Les séismes de mai et septembre 1976 sont à l'origine de cette reconnaissance honorifique reçue par la commune. Je me suis toujours demandé quel mérite il y a pour un village à avoir été détruit par la terre qui tremble. La route serpente ensuite dans les collines verdoyantes avant d'arriver aux pieds de la butte sur laquelle se dressent les ruines du château, ou plutôt du « vilain château », comme il est appelé ici, le *Cjiscjelat*. Il ne reste guère qu'un pan du donjon, l'ensemble ayant été pris d'assaut et démoli lors de la révolte paysanne du *Crudel Joibe Grasse* en février 1511, qui fut ponctuée par la mise à mort carnavalesque de nombreux aristocrates.

Homo itinerans

Comme en témoignent les inscriptions bilingues italien/slovène et italien/frioulan, nous nous trouvons à l'extrême nord-est de l'Italie, frontière façonnée par les catastrophes naturelles et les guerres. Les lieux sont marqués par les destructions du passé lointain et récent. Pourtant, je me sens apaisé, c'est un retour aux sources de ma famille paternelle. Lucien Febvre, le grand historien fondateur de l'École des Annales, déclarait que la seule façon de comprendre l'histoire du monde était de s'appuyer sur la connaissance approfondie d'une contrée, aussi petite soit-elle. Pour moi, ce point de référence – plus intellectuel qu'identitaire – a été le Frioul, région de confins et de passage, restée aux marges des puissances qui l'ont contrôlée aux cours des siècles, de la Sérénissime à la Maison de Habsbourg puis à la République italienne.

C'est la fin de l'après-midi. Je dépose mes valises à la maison héritée de la famille de ma grand-mère, récemment reconstruite, et ressors rapidement pour effectuer le petit rituel par lequel j'aime marquer mon arrivée : me rendre à la fontaine communale, structure automatisée où l'on peut se procurer de l'eau naturelle ou gazéifiée à un prix modique. J'ai la mauvaise surprise de voir un attroupement. Ma première réaction est de repartir pour ne pas devoir faire la queue et de revenir à la nuit tombée. Je me ravise : il s'agit d'une dizaine d'hommes, la plupart semble avoir la trentaine. Leur allure m'est familière, mais leur présence en ces lieux me surprend ; elle me semble hors contexte. J'ai besoin d'en avoir le cœur net. Je descends de voiture et m'approche : je ne me trompe pas... ce sont des requérants d'asile afghans et pakistanais. C'est

Europe, mon amour, ou les ruses de l'itinérance

le moment des vacances, je souhaite me reposer, me ressourcer... j'aspire à prendre de la distance, à me soustraire mentalement à la dureté de mon objet de recherche mais celui-ci me rattrape, tant il s'est dilué dans l'ensemble du monde dans lequel nous vivons.

Une dame, la soixantaine, remplit ses bouteilles à la fontaine, le visage contracté. « Bondì », lui dis-je en arrivant. Elle me répond, comme soulagée par ma présence, qu'elle a bientôt fini et me laissera la place. Je regarde les jeunes hommes qui l'entourent, les salue à leur tour : « As-salâmu aleikum ».

J'ai créé mon petit effet. La dame se retire, perplexe, en me faisant un signe de tête furtif, alors que j'engage la conversation en persan avec le groupe d'hommes. Ils me jaugent, stupéfaits et suspicieux. Très vite toutefois, ils se bousculent pour comprendre qui je suis, les questions fusent : « Tu es d'ici ? » ; « Ah, tu vis en Suisse ? » ; « Tu as travaillé en Afghanistan ? » J'explique en quelques mots ma trajectoire familiale et professionnelle. Je conclus en disant : « Je suis un voyageur [*mosâfer*], comme vous ! »

À peine prononcés, je regrette ses mots. Comment puis-je comparer ma vie à la leur ? Je viens me reposer quelques semaines dans ces lieux alors qu'ils ont quitté leurs foyers depuis des mois, voire des années. Ce sont des Pachtounes originaires du sud et de l'est de l'Afghanistan. L'un d'eux dit être du Pakistan... les autres l'interrompent amicalement pour affirmer que cela ne fait pas de différence. Leurs trajectoires divergent de celles des jeunes Hazaras rencontrés à Patras, qui étaient en grande partie issus des populations réfugiées au Pakistan ou en Iran et tentaient obstinément de passer en Italie par la mer. Un peu plus âgés en moyenne – plusieurs sont pères de famille –, ils sont presque tous partis de leur pays d'origine sans expérience préalable de l'exil. Ils fuient la violence et la conscription forcée qui écrasent les campagnes des provinces de Kandahar ou de Ghazni, du Wardak ou du Nangarhar, où l'insurrection talibane est puissante, où la neutralité n'est pas une option. Ils ont traversé l'Iran, la Turquie, puis contourné la Grèce pour emprunter la route terrestre des Balkans, elle-même semée d'embûches : la Bulgarie, la Serbie, la Hongrie, puis l'Autriche, avant d'entrer en Italie par le nord-est.

Ils me donnent l'impression d'avoir adopté une stratégie minimaliste : ils n'espèrent plus atteindre l'Allemagne ou la Suède et déclarent qu'ils se contenteraient d'être acceptés en Italie. Grâce à des fonds publics, beaucoup ont passé l'hiver dans les hôtels des stations balnéaires de l'Adriatique, désertés par les touristes pendant la saison froide. Les beaux jours venus, ils sont déplacés au gré des places disponibles. L'un me dit avoir séjourné plusieurs semaines dans une colonie de vacances à Forni Avoltri, village de montagne proche de la frontière autrichienne.

Après cette première rencontre inattendue, je me rends souvent à leur hôtel. Une quarantaine de requérants d'asile afghans et pakistanais y logent. Début août, j'invite trois d'entre eux à m'accompagner avec mes deux enfants de 10 et 8 ans à un concert à Stella, un hameau abandonné en dessus de Tarcento. Après s'être laissé convaincre, Akmal, de Kandahar, Gul Agha, du Wardak, et Mahmud, du Nangarhar, grimpent dans mon véhicule break. Chemin faisant, j'évoque l'histoire locale, les conflits du passé, la migration de nombreux Frioulans à travers le monde, le séisme de 1976, l'aide américaine à la reconstruction en pleine guerre froide. Je leur raconte que mon grand-père est parti à 9 ans à pied en Allemagne pour travailler dans des fabriques de briques. Je leur parle de Stella, de la volonté d'un petit groupe de redonner vie au lieu par des activités culturelles. Situé à près de 700 mètres d'altitude, 400 âmes y vivaient en 1900, moins de dix personnes y résident encore un siècle plus tard. On y parlait un dialecte slovène aujourd'hui tombé en désuétude. Mon discours s'adresse peut-être à moi-même, aux membres de ma parenté, à mes voisins. J'affirme mon parti-pris heuristique – mais aussi moral et politique – que nous sommes tous des itinérants, j'exprime ma volonté de mettre en évidence la convergence des destinées, j'affiche mon aversion pour tous ceux qui se laissent séduire par les sirènes de l'homogénéité culturelle, qu'elle soit régionale ou nationale. La route gravit les pentes en lacets serrés, la vue s'ouvre sur la vaste plaine : « Par temps clair, on peut voir la mer au loin. » Gul Agha soupire, il souhaiterait tellement aller à la plage, écouter le bruit des vagues et regarder l'horizon sans fin. Akmal l'interrompt : « La mer ? Ce que j'en ai vu en Turquie m'a suffi ! » Ces paroles me font penser à un jeune réfugié afghan rencontré à Perth, en Australie. Après avoir été emprisonné et rossé par les talibans, il avait été en mesure de quitter l'Afghanistan et se rendre en Indonésie. Une barque de pêcheurs, des jours et des jours en haute mer. Il m'avait dit, presque en criant :

« Jamais je ne retournerai sur un bateau ; à choisir, je préfère encore les prisons et les coups des talibans ! »

Je me remémore également quelques lignes de l'écrivain russe, Oleg Ermakov, qui raconte son expérience de soldat de l'Armée rouge dans son ouvrage *Hiver en Afghanistan* (1997). Habitué aux plaines sans fin, il appréhendait plus que tout les âpres montagnes de l'Hindou-Kouch, repères des insaisissables combattants afghans. À chacun ses phobies, à chacun ses aspirations. Mahmud, lové dans le coffre, reste silencieux. Gul Agha et Akmal sont plus loquaces. Ils s'émerveillent de la beauté du paysage : « Quel bel endroit, si verdoyant ! »

Ils s'étonnent de ces richesses non exploitées. Ils rient sans véritable joie : « Qu'on nous porte ici plutôt que dans des hôtels où nous nous morfondons ». Après avoir débroussaillé les taillis, avec quelques moutons et quelques chèvres, la vie pourrait recommencer ici, rêve Akmal. « Seulement en été... Imagine les lieux en hiver avec des mètres de neige », l'interrompt Gul Agha, dont la référence reste le climat de son Wardak natal.

Arrivés à Stella même, nombreux sont les connaissances qui me saluent. Mais personne ne prête attention à mes compagnons, personne ne leur souhaite la bienvenue, personne n'exprime l'intérêt d'échanger quelques mots avec eux. Nous mangeons des cuisses de poulet, de la polenta et des haricots. L'exposé d'une jeune femme qui s'efforce de relancer l'agriculture locale, un tour de poésie, puis Luigi Maieron, un auteur compositeur régional, chante en frioulan des histoires simples... le souvenir de ses parents, l'amour d'une fille, les feuilles des arbres qui dansent dans le vent, la beauté des montagnes. *Sestu om o furmie ?*, « Es-tu un homme ou une fourmi ? » Se tenir dressé ou ramper sur le sol... faut-il choisir ? Mais parfois les hommes se muent en fourmis ; entêtés, ils se frayent un chemin malgré tous les obstacles qui peuvent se dresser devant eux à travers les montagnes, les mers, les frontières. Luigi Maieron narre le retour d'un émigré qui a passé quinze ans en Argentine :

> Ma maison, je rentre par derrière, silencieux comme un voleur
> Ma femme, stupéfaite, laisse tomber de ses mains le vim [détergent]
> Je vois mon fils si grand déjà qui joue avec trois amis
> Je cherche une famille, je cherche un village
> Et je me sais le père d'un orphelin
> Et je sais qu'il est orphelin de père
> Je sors un sombrero : « Ce cadeau est pour toi ! »
> « Et nous, maman ? », disent les trois autres...

Je traduis comme je peux au fur et à mesure en m'efforçant de transmettre la dimension sarcastique de l'histoire. Gul Agha, dont la femme et les quatre enfants sont restés au pays, est visiblement mal à l'aise. Il ne les a pas vu depuis plus d'un an. Il réagit de façon véhémente en disant qu'une telle chose ne serait pas possible en Afghanistan. Akmal quant à lui est perdu dans ses pensées. Il regarde mon fils avec tendresse. Il s'en approche finalement et le serre doucement dans ses bras. Il demande à Gul Agha de les prendre en photo : « Je vais envoyer l'image à ma femme et mes enfants. » Il a noté que mes enfants ne parlent pas – ou peu – italien et s'en étonne. Est-ce que cela l'inquiète ? Y voit-il par transposition le futur de ses propres enfants s'il parvient à les faire venir en Europe ?

Je ramène les trois compères à leur hôtel. Debout à l'entrée de la terrasse, deux *carabinieri* devisent paisiblement avec les clients. Akmal saute prestement hors du coffre de mon break. Une partie de moi souhaite que les hommes en uniforme s'approchent, me questionnent sur mes agissements, sur mon véhicule surchargé de personnes, sur mes liens avec ces Afghans... mais ils ne jettent qu'un coup d'œil rapide vers nous, indifférents. Comme à Stella, mes nouveaux amis afghans semblent transparents.

Les itinérants afghans s'efforcent souvent à évoluer dans les interstices administratifs et humanitaires des pays qu'ils traversent. Cette invisibilité relative leur permet une certaine marge de manœuvre, aussi éprouvante soit-elle. Mais dans ce coin de l'Union européenne, je ne peux m'empêcher de penser que leur présence est perçue comme une pollution visuelle. L'invisibilité n'est pas ici recherchée comme un écran contre des mesures – qu'elles soient répressives ou protectives – qui font obstacle à la mobilité, elle est subie et participe d'une économie sociale, d'un regard ou plutôt d'un non-regard qui objective les itinérants et qui en dernière instance les repousse dans une altérité inassimilable[1]. Akmal me remercie avec une accolade énergique mais rapide : « Tu n'es pas comme les gens d'ici... on dirait un Afghan », me dit-il avant de tour-

---

1. Willen, 2007.

ner les talons. Solidarité, hospitalité, sens de l'honneur sont des valeurs qu'il n'a guère pu constater parmi les Européens qu'il a côtoyés sur la route des Balkans et en Italie. Bien qu'il ait fui son pays avec l'espoir de reconstruire sa vie dans un endroit plus paisible, son expérience de l'Occident n'a pas été celle de la bienveillance humaniste. Alors que Reza et Mahdi géraient, dans un tout premier temps, la dissonance entre leurs espoirs et les réalités de l'accueil reçu à Lesbos par un déni cognitif – auquel ils ne croyaient pas vraiment –, Akmal ose un jugement : les Européens ne se comportent pas de façon décente ; les Afghans ont des normes morales plus élevées.

Destins croisés d'*homo itinerans* d'hier et d'aujourd'hui... Afghans qui, fuyant violence, pauvreté et incertitude, se retrouvent sur les traces de mes ancêtres. Italiens qui, oublieux de leur passé de migrants, voient dans les requérants d'asile des indésirables, des non-personnes. L'invisibilité est parfois recherchée par les itinérants, comme une forme de protection contre l'arbitraire ; elle est parfois subie par eux, imposée par l'État et les populations des pays parcourus. Selon Nicholas De Genova[1], le contrôle aux frontières et l'application des lois sur l'immigration offrent un spectacle où la présence des migrants et des réfugiés est rendue illégale et illégitime. Le discrédit jeté sur la quête des « illégaux » justifie dès lors l'essentialisation des inégalités en catégories raciales et culturelles. Plus les formations discursives et les images produites par les politiques et les médias alimentent la controverse

---

1. De Genova, 2013.

anti-immigrés, plus la véritable nature de l'inclusion des migrants par la subordination de leur travail progresse de façon souterraine.

Vendredi 13 novembre 2015. Mes itinérances me portent à Calais, dans le nord de la France, pour visiter la « jungle », un site proche des facilités portuaires, à l'est de l'agglomération. La jungle de Calais illustre-t-elle « la scène de l'exclusion et l'obscène de l'inclusion », pour reprendre l'expression de De Genova ? 4 500 itinérants originaires de Syrie, d'Irak, d'Afghanistan, d'Érythrée ou encore du Soudan s'y entassent dans des conditions précaires. Boris, un collègue qui a travaillé en Asie centrale et auquel je suis lié par une complicité de plus de quinze ans, m'accompagne. C'est la fin de l'après-midi quand nous arrivons sur le site. Il fait déjà sombre ; un vent glacial souffle de façon continue, il pleut par intermittence. Après être passés entre des véhicules des Compagnies républicaines de sécurité, nous remarquons un groupe d'hommes, des Soudanais du Darfour, qui s'alignent derrière une camionnette blanche. Un couple de retraités distribue du pain. Nous échangeons quelques mots. Ils coopèrent avec une association locale et aident les demandeurs d'asile et réfugiés depuis une quinzaine d'années.

« Où pouvons-nous trouver des Afghans ? », demandé-je. « N'allez pas là-bas, ils pourraient être agressifs », répond le vieil homme.

Dans les jours précédents, les demandeurs d'asile et des militants des droits humains ont protesté contre les conditions de vie précaires. La jungle est présentée dans les médias comme un camp de fortune, où pratiquement aucun service n'est disponible, où les candidats à l'asile convergent dans l'espoir de traverser la Manche et de mettre le pied sur le sol britannique. S'agit-il d'un lieu d'exception, que les autorités se contentent de confiner par un cordon sécuritaire, où l'État de droit est suspendu, où la vie sociale est réduite à sa plus simple expression ?

Guidé par un étudiant en droit bénévole à Calais, Boris et moi passons des toilettes mobiles et progressons sur un chemin boueux entre les tentes et les abris de fortune. Nous arrivons à une église érythréo-éthiopienne faite de bâches clouées sur des montants en bois puis à un alignement de petites échoppes : un four à pain, plusieurs épiceries, quelques restaurants. La plupart des commerçants semblent afghans. Je me place dans une file d'attente pour acheter du pain et profite de l'occasion pour engager la conversation. De nombreux clients sont des arabophones ou des kurdophones d'Irak ou de Syrie. Quant aux Afghans, ce sont pour la plupart des pachtounophones du Sud et de l'Est. Il apparaît rapidement que leurs trajectoires sont diverses. Certains ont quitté l'Afghanistan il y a plusieurs années et ont passé du temps en Iran ou en Turquie avant d'atteindre l'Europe. D'autres sont arrivés à Calais quelques mois seulement après avoir quitté leur province d'origine, que ce soit le Kunar ou le Wardak. Mais tous fuient un conflit qui n'est pas le leur, un combat armé entre un gouvernement dont ils ne reçoivent aucun service et une insurrection divisée en factions et de plus en plus brutale avec l'arrivée de l'État islamique. Dans un geste d'hospitalité, le boulanger ne veut pas accepter dans un premier temps l'argent que je lui tends pour le pain. Je dois insister en utilisant l'expression adaptée à ce type de contexte : « *Haq-e mardom na mekhorom !* » (« Je ne mange pas le droit des gens ! »). Même dans cet espace de vide social supposé, le sens de l'honneur n'a pas disparu.

En cours de soirée, la terrible nouvelle tombe : une série d'attentats terroristes a eu lieu à Paris. Les soupçons se portent immédiatement sur les groupes militants islamiques. Le lendemain, toutes les conversations tournent autour des conséquences politiques potentielles sur les réfugiés et demandeurs d'asile, dont beaucoup sont de religion musulmane. Un incendie a dévasté une partie de la jungle pendant la nuit et beaucoup se demandent s'il s'agissait d'un acte de représailles par des groupes d'extrême droite. Je vais à un restaurant où je m'étais rendu le soir précédent. Il est géré par trois partenaires. Quoique tous de langue pachto, ils proviennent de différentes provinces de l'Afghanistan. Plus que par leur origine géographique ou leur appartenance tribale, ils sont unis par une longue expérience de la mobilité. L'un d'eux, Ehsanullah, a passé sept ans en Angleterre, mais il a circulé dans de nombreux autres pays européens. Il me montre spontanément une carte d'identité pour étranger délivrée par la République italienne qui lui permet de voyager légalement à l'intérieur de l'espace Schengen.

« Comment se fait-il que vous restez ici, dans la jungle et n'essayez pas votre chance dans un cadre plus accueillant ? » demandé-je. « Ici, c'est vrai, je dors sous tente, il fait froid, il y a du vent. Mais j'ai ma propre entreprise, je peux faire un peu d'argent.

Europe, mon amour, ou les ruses de l'itinérance

Un jour, je l'espère, je serai en mesure d'économiser suffisamment pour faire venir ma famille. » Je sens une pointe de défi et beaucoup de tristesse dans son ton. La quête d'autonomie a un coût. Son objectif n'est pas d'aller en Angleterre et de s'y installer ; pas encore, du moins. Il habite l'itinérance.

À l'opposé du spectre, se trouvent toutefois des personnes comme Faraidun, un homme de 20 ans qui erre seul dans la jungle. M'ayant entendu m'exprimer en persan, il me demande de l'aider. Il a quitté son village du nord de Kaboul au printemps 2016 et a été séparé de ses compagnons de voyage entre Paris et Lille lors d'un contrôle de police effectué dans un train. Arrivé l'après-midi précédent à Calais, il a passé la nuit sous un simple abri fait de bâches, se protégeant tant bien que mal du froid sous des couvertures sentant le moisi. On lui a parlé d'autobus affrétés par les autorités pour transporter les candidats à l'asile vers des centres d'accueil gérés par l'État. « N'y va pas ! », interrompt l'un des deux adolescents avec qui je parlais initialement, « ils vont t'enregistrer, tu seras pris au piège ; ils veulent nous disperser ».

Comme d'autres lieux qui parsèment les villes d'Europe, la jungle de Calais comme les fabriques abandonnées de Patras sont tout à la fois lieux d'exclusion et de refuge. Les itinérants – au-delà des étiquettes que l'on peut leur affubler, migrants clandestins, demandeurs d'asile, réfugiés, squatteurs... – habitent ces lieux, ils les organisent et leur donnent un sens[1]. Si la jungle n'a fourni aucun réconfort à

---

1. Agier et Prestianni, 2011.

Faraidun, elle représente pour des gens comme Ehsanullah une niche économique. À travers l'exemple de ce dernier, je comprends que le bric-à-brac apparemment désordonné de tentes et d'abris de fortune ne peut être réduit à un simple point de transit, à un non-lieu. C'est au contraire un espace où les itinérants se retrouvent en marge de la société du pays qu'ils traversent, une escale utile, une île au sein d'un vaste archipel qui se déploie à travers l'Europe et qui est constitué par un ensemble de sites qui sont autant de balises dans un parcours semé d'obstacles administratifs. Loin de pouvoir être uniquement décrite comme une impasse pour les migrants qui ont planifié d'aller en Grande-Bretagne, c'est une expérience performative de l'urbain, un microcosme, un lieu où les personnes en itinérance – qu'ils soient originaires d'Afghanistan, du Pakistan, d'Iran, d'Irak, de Syrie, du Soudan ou d'Érythrée – réinventent leurs relations sociales, des relations faites de solidarité et d'entraide, mais aussi de compétition, de rapports de pouvoir et d'exploitation.

Si certaines personnes cherchent à continuer leur voyage aussi rapidement que possible, d'autres s'attardent dans la jungle, qui leur donne la possibilité de faire quelques affaires qu'ils ne seraient pas en mesure de poursuivre dans la société qui les entoure et peine à leur donner une place. Beaucoup viennent ici en sachant qu'ils se retrouveront parmi des gens avec qui ils partagent l'expérience du déplacement, qu'ils seront en mesure de recueillir des informations sur les routes migratoires et les régimes d'asile en constante évolution des pays de l'Union européenne. Si certains ont en effet l'espoir de se rendre en Angleterre, y

Europe, mon amour, ou les ruses de l'itinérance

compris de nombreux Afghans dont les ancêtres se sont pourtant battus contre l'Empire colonial britannique, ce n'est pas la destination rêvée par tous les demandeurs d'asile potentiels qui viennent à Calais. Le classement des pays de destination est en constante évolution. Il dépend de la présence d'une communauté d'accueil, de l'accès aux services sociaux, des possibilités d'intégration dans le système éducatif et le marché du travail. En 2015, beaucoup de mes interlocuteurs tournent ainsi leurs regards vers la Scandinavie.

Loin d'être le cul-de-sac où s'entassent les personnes qui souhaitent se rendre en Grande-Bretagne, le *no man's land* – ou le *no society's land* – décrit le plus souvent dans les médias, la jungle de Calais m'apparaît comme une matrice où des liens inédits se créent. C'est une gare de triage, mais aussi un creuset où les relations sociales se recomposent, quoique sous forte contrainte. Deux temporalités s'y rencontrent : celle, périlleuse mais haletante, du voyage, du franchissement des frontières, de la mobilité ; et celle, pernicieuse, usante, de l'attente. Certes, il y a de l'exclusion... comment le nier, mais il y a aussi une forme furtive et fugace d'intégration. Certes, les conditions de vie sont déplorables, mais c'est un endroit qui vibre, un lieu où les itinérants peuvent socialiser, où certains peuvent développer des activités économiques, d'autres prendre des renseignements de première main sur les routes migratoires et les conditions d'accueil d'un pays ou d'un autre. L'église érythréo-éthiopienne, les mosquées, les restaurants, les petites épiceries, les boulangeries constituent l'embryon d'une vie urbaine.

Après presque quarante années de conflits qui ont provoqué l'un des déplacements forcés de population les plus massifs depuis la Seconde Guerre mondiale, l'Afghanistan ne semble pas se diriger vers un avenir meilleur. Bien qu'aucun segment de la population afghane n'ait pas connu de déplacement au cours de la série de conflits qui a déchiré le pays depuis 1978, trois catégories de personnes sont surreprésentés dans les flux récents. Tout d'abord, les mineurs non accompagnés et les jeunes hommes célibataires, qui ont souvent passé du temps en Iran et au Pakistan. Ils se sentent coincés entre leur pays d'origine, qui ne leur offre aucune perspective éducative et professionnelle, et leur pays de premier asile, où ils sont condamnés, au mieux, à rester cantonnés à des emplois de deuxième ordre et n'ont aucun espoir de reconnaissance sociale. Deuxièmement, les hommes des campagnes du sud et de l'est de l'Afghanistan, qui sont pris entre le gouvernement et l'insurrection. Ils fuient un conflit dans lequel ils ne se reconnaissent plus, la violence et le recrutement forcé des deux côtés. Et, enfin, les citadins, dont la vie était liée à la présence internationale à Kaboul, Mazar-e Sharif ou Herat. Beaucoup ont perdu leurs sources de revenus avec l'interruption de nombreux programmes humanitaires et de développement. Ils craignent des représailles de la part des segments de la population qui leur reprochent d'avoir collaboré avec les acteurs venus de l'étranger.

Ces différentes catégories de personnes ont des profils et des trajectoires variés, mais tous font face à des problèmes de protection. Ils ne sont évidemment pas la première génération d'Afghans à fuir la violence et

Europe, mon amour, ou les ruses de l'itinérance

la misère. Cependant, les générations successives de réfugiés et demandeurs d'asile afghans ne sont pas mobiles de la même façon. Alors que leurs parents avaient trouvé refuge au Pakistan et en Iran, essayer d'atteindre l'Europe devient une caractéristique distinctive des nouvelles générations. Ce voyage est coûteux à la fois en termes économiques et émotionnels (pour les individus comme pour leurs familles restées en arrière). Parvenir à mettre le pied sur le territoire européen ne représente en outre pas nécessairement une délivrance. Ils perçoivent la suspicion qui les entoure de la part des populations européennes et comprennent mal les procédures administratives qu'ils doivent entreprendre. Ils se méfient des institutions d'asile et de leurs représentants. Beaucoup seront renvoyés dans leur pays d'origine. Faisant face au stigmate de l'échec, incapable de rembourser les dettes contractées pour financer leur migration et de se réinsérer dans une société qui n'offre pas de perspective d'emploi, la plupart tentera à nouveau de partir, le plus souvent dans des conditions encore plus précaires[1].

Il n'y a aucune raison de penser que le nombre des Afghans – et d'autres demandeurs d'asile – qui quittent leur pays d'origine pour se rendre en Europe va diminuer. Une combinaison de facteurs est en jeu : l'insécurité persistante en Afghanistan ; le retour en force des talibans et l'essor de l'État islamique ; l'échec de la démocratisation ; la profonde crise du marché du travail avec le retrait des employeurs internationaux ; l'économie des stupéfiants ; la croissance

---

1. Schuster & Majidi, 2013, 2015.

démographique et une urbanisation désordonnée ; des conditions d'accueil de plus en plus défavorables au Pakistan et en Iran.

Après Lesbos, le Frioul et Calais... Ce sont là trois sites sur un long voyage entre un présent incertain et un avenir incertain, un voyage sans destination finale. Au-delà du périple spatial, nous pouvons déceler un parcours moral, depuis la dénégation défensive initiale de Reza et Mahdi, qui ne peuvent admettre que l'Europe les accueillent en les enfermant, jusqu'au jugement éthique négatif d'Akmal contre les Européens, et finalement à la perte de confiance en l'Europe d'Ehsanullah et son effort entrepreneurial en marge de la société environnante.

Trois lieux, trois moments, trois attitudes : l'incrédulité et le déni, la frustration et le désaveu, le retrait engagé et la réinvention du social. Nous atteignons paradoxalement une forme de cosmopolitisme par le bas, ce que le philosophe italien Paolo Virno a appelé *engaged withdrawal*, « le retrait engagé »[1] : un exode conçu comme une mise à distance de l'État, comme un acte de résistance envers la société dominante. Reza, Mahdi, Akmal et Ehsanullah ont expérimenté dans leurs corps la souffrance de la guerre et du déplacement. Tous ont fui la violence ou l'injustice ; tous aspirent à une vie meilleure. Plus que de les mettre sous une étiquette, celle de migrant en quête d'emploi ou de réfugié ayant besoin de protection, je les vois comme des témoins du monde dans lequel nous vivons, marqué par des inégalités croissantes, du

---

1. Virno, 2004.

paysage global d'exclusion dans lequel nous évoluons mais que nous feignons ne pas voir.

L'arrivée massive en Europe des Syriens, des Afghans, des Irakiens, des Érythréens, des Subsahariens ne résulte pas seulement d'une série de conflits régionaux ou d'une quête de travail. Les gens qui frappent à la porte de l'Europe nous disent quelque chose qui doit être écouté, ils manifestent leur fatigue morale envers l'écart croissant entre les segments les plus riches et les plus pauvres de l'humanité. Ils sont des acteurs du politique en dévoilant par leurs itinérances à quel point notre ordre mondial est immoral.

CHAPITRE 10

Des modernités contestées : une anthropologie transnationale du politique

> « *L'Afghanistan n'est pas encore politiquement et socialement mûr pour l'avènement de la démocratie.* »
>
> La directrice de l'Open Society Institute, Kaboul

En 1995, je suis sur le point de partir au Pakistan et en Afghanistan dans le cadre de mon doctorat. Je suis au tout début de mes itinérances afghanes. Un cadre du Comité international de la Croix-Rouge qui avait déjà une longue expérience de la région me prévient avec un peu de commisération : « En Afghanistan, on devient fou ! » avant d'ajouter une maxime à retenir : « *Never trust an Afghan !* » (« Ne fais jamais confiance à un Afghan ! »)

Je lui réponds en riant que je suis déjà fou et n'ai jamais confiance en personne, ni même en lui et ses conseils. Néanmoins, ses mots me sont souvent revenus à l'esprit. Ils traduisent les drames d'une guerre sans fin et du déplacement forcé de millions de personnes, la dureté des relations sociales, la compétition pour les rares ressources. Ils reflètent dans le même temps une perspective contre laquelle mon esprit résiste, celle d'un Afghanistan opaque, qui se dérobe à toute tentative de rationalisation, celle d'un univers qui reste imperméable aux développements politiques et intellectuels marquant le reste du monde.

Je n'ai cessé d'entendre, à Genève comme à Kaboul, les fonctionnaires internationaux parler de l'Afghanistan comme d'une arène où tradition et modernité s'affrontent. Selon eux, le pays est divisé en deux camps. D'un côté, se trouvent ceux qui collaborent avec les Nations unies et les grandes organisations non gouvernementales, qui incarnent l'espoir de transformation, qui se projettent dans le futur, qui souscrivent aux droits de l'homme et croient dans les vertus de la démocratie. De l'autre, sont relégués ceux qui s'opposent à la présence étrangère et restent attachés à une vision passéiste de la vie villageoise, qui préfèrent l'ordre tribal à l'État de droit ou – pire encore – s'abritent derrière une conception rigoriste de la religion pour refuser la promotion de l'éducation et l'émancipation féminine. Certes, de l'aveu de tous, la distinction sur le terrain entre agents du changement et forces rétrogrades est rendue compliquée par la présence diffuse de la corruption, le népotisme, les solidarités ethniques et régionales. Il n'en demeure pas moins que des milliers d'experts qui passent par l'Afghanistan conçoivent leur action dans le cadre d'une lutte entre les valeurs de la modernité et les archaïsmes de la tradition.

Une telle conception a d'ailleurs son pendant parmi les intellectuels afghans. N'ai-je pas entendu la jeune et ambitieuse directrice de l'Open Society Institute à Kaboul me dire avec dépit : « L'Afghanistan n'est pas encore politiquement et socialement mûr pour l'avènement de la démocratie » ?

Le fait qu'elle utilise l'expression « pas encore » traduit sa croyance que l'histoire a une direction et que les formes d'organisation politique qui se sont développées en Occident doivent servir de modèle pour le futur de son pays. Cette projection imaginaire d'un monde comme un ensemble unifié qui se développe historiquement à partir du modèle européen a été intégrée par une partie des élites afghanes. Il faut résister à la tentation de localiser les idéologies. L'européocentrisme, au fond, n'est pas l'apanage des Européens. Nombre de jeunes Afghans qui travaillent pour une agence onusienne ou une ONG internationale considèrent que l'obstacle principal au progrès en Afghanistan est le manque généralisé d'instruction et la soumission aux us et coutumes ancestraux. Si tous reconnaissent la capacité de résistance des talibans, ils restent convaincus que ceux-ci ne constituent en fin de compte qu'un pénible anachronisme.

C'est aussi contre une telle interprétation de la crise afghane que ce petit ouvrage a été écrit. Je construis ma réflexion à partir d'un principe simple, appris dans mes cours d'introduction à l'anthropologie : toute société est également traditionnelle ou – ce qui revient finalement au même – également moderne. Je tire une partie de mon inspiration de la littérature postcoloniale, qui remet en question les formes de savoirs et les identités sociales héritées de la domination coloniale. J'analyse l'Afghanistan comme un espace de souverainetés contestées, où de larges franges de la population n'aspirent pas à l'avenir imaginé pour eux par les promoteurs de la paix libérale et du développement international.

L'Afghanistan est également une arène transnationale de moralités segmentées qui me sert de point de départ pour interroger le grand récit téléologique de la modernisation et de la démocratisation. Tout en replaçant mes analyses à différentes échelles, j'adopte une approche minutieuse qui privilégie ce qui fait que les gens font ce qu'ils font, et comment le résultat de ces actions influence à son tour les conditions de l'action. Comme l'écrit Anne-Christine Trémon en se référant aux travaux d'Anna Tsing[1] :

> Plutôt que de choisir un niveau d'analyse – local ou global –, il faut repérer comment opère la définition de nouveaux types de localité. L'ethnographe doit être moins un chroniqueur situant son travail dans des localités données, évidentes, qu'un enquêteur interrogeant comment se fabriquent des localités diverses[2].

Les jeux d'échelle sont ici d'abord placés du côté des acteurs, de ces *homo itinerans* que sont les jeunes hommes rencontrés sur les chantiers de Téhéran ou dans les fabriques désaffectées de Patras, les fonctionnaires du ministère afghan des Finances auxquels j'ai dispensé un enseignement à Abu Dhabi, mais

---

1. Tsing, 2000.
2. Trémon, 2012, p. 260.

aussi les militaires américains ou les experts de la bonne gouvernance et, *last but not least*, moi-même. Tous circulent intensément, mais selon des modalités contrastées, qui illustrent à la fois les rapports de pouvoir caractérisant le monde contemporain dans toute sa brutalité et des expressions inattendues de vitalité sociale. D'un village du Hazarajat à la jungle de Calais, mes vignettes ethnographiques visent à recomposer les multiples mobilités, reflets d'injustice et de souffrance, mais aussi de subversion des formes classiques de territorialité politique, de protestation contre la distribution mondiale de la richesse et de la sécurité.

Je pourrais me référer à de nombreux auteurs, mais Dipesh Chakrabarty[1] demeure l'un de ceux qui a le plus influencé ma réflexion. Dans son effort de provincialiser l'Europe, il reconnaît qu'il est vain de concevoir les institutions et les idées politiques qui caractérisent le monde contemporain – l'État-nation, la démocratie, la citoyenneté, l'administration, les droits de l'homme, la société civile – en dehors de leur généalogie intellectuelle en Occident. Mais il critique ce qu'il nomme l'historicisme, forme de pensée qui a justifié la domination des empires coloniaux au XIXe siècle en promouvant l'idée que la modernité était née en Europe avant de se répandre dans le reste du monde. Le paradigme évolutionniste a la vie dure. Le temps de l'histoire globale est unifié à l'aune du modèle occidental, les différentes sociétés humaines ne sont pas réellement contemporaines

---

1. Chakrabarty, 2000.

mais placées sur une échelle évolutive linéaire. Les développements sociaux, politiques et économiques qu'ont connus l'Angleterre, la France, l'Allemagne, puis les États-Unis, sont l'horizon auxquelles doivent aspirer les autres régions du globe. Point de salut pour l'Afghanistan, dans le cas qui nous occupe, en dehors du cadre de la démocratie libérale.

Chakrabarty souligne également que les colonisateurs européens ont prêché aux colonisés les vertus d'un universalisme humaniste qu'ils ont été les premiers à bafouer dans la pratique. S'agit-il d'un accident de l'histoire, de quelques débordements fâcheux, certes, mais qui n'entament pas la légitimité des idéaux de la philosophie des Lumières ? Ou les violations des droits de l'homme commises dans les marges sociales et politiques par les personnes qui les défendaient au cœur des métropoles sont-elles une caractéristique intrinsèque du projet politique dont la modernité est porteuse ? C'est la thèse de Walter Mignolo[1], qui entend par modernité un récit complexe célébrant les réalisations de la civilisation occidentale tout en dissimulant systématiquement un programme caché, une face sombre qu'il nomme après Anibal Quijano « colonialité » (*coloniality*)[2].

L'idéal de progrès et les droits de l'homme ne peuvent être séparés d'une logique d'expansion du capitalisme et d'extraction brutale des ressources. D'un côté, la vie humaine est censée être porteuse de valeurs universelles ; de l'autre, elle est un bien

---

1. Mignolo, 2011.
2. Voir par exemple Quijano, 2007.

comme un autre dont on peut calculer l'utilité, une marchandise dont on dispose, que l'on jette ou que l'on remplace. Le colonialisme n'est dans cette perspective qu'une expression historique particulière des structures de pouvoir qui ont marqué l'expansion de l'Occident. Les catégories sociales et les formes de discrimination qui en sont issues persistent – y compris dans les sociétés qui n'ont pas directement subi la domination européenne –, même si elles s'expriment aujourd'hui sous le couvert de la compétitivité, la récompense au mérite, l'égalité des chances, la responsabilité individuelle ou la bonne gouvernance. À l'instar du mouvement zapatiste au Mexique, qui a conduit ce qu'il décrit comme une véritable révolution théorique, Mignolo en appelle ainsi à la désobéissance épistémique comme étape nécessaire pour réinventer la vie sociale sur de nouveaux fondements. À leur façon, les itinérants afghans sont eux aussi porteurs de cette désobéissance épistémique mais également éthique.

Pour critiquer les théories qui assument que le modèle culturel, politique et économique européen va finir par s'imposer à l'ensemble du monde, certains auteurs réfutent l'idée même d'une telle homogénéisation et adoptent une position relativiste. Ils valorisent l'existence de plusieurs traditions, égales en dignité. Selon Shmuel Eisenstadt[1] par exemple, la modernité – c'est-à-dire selon lui la rupture par rapport à la foi en un monde obéissant à un ordre transcendant et la remise en question constante qui définit la démarche scientifique – ne signifie pas l'occi-

---

1. Eisenstadt, 2000.

dentalisation. Souvent, dans le but de mieux résister à la poussée des puissances coloniales, les sociétés de l'Asie de l'Est, du sous-continent indien, du monde islamique et d'ailleurs, ont absorbé certaines idées et techniques nouvelles tout en les réinterprétant et en les transformant. Il parle ainsi de « modernités multiples » (*multiple modernities*), qui se déploient selon des lignes historiques et culturelles propres. L'effort d'interprétation est louable, en particulier parce qu'il souligne que les réactions anti-occidentales sont intrinsèquement modernes, une caractéristique que certains observateurs ont reconnu à l'islam politique, que ce soit celui des talibans ou de l'État islamique. Mais en insistant sur la diversité des héritages culturels, ne risque-t-on pas dès lors d'escamoter les relations de pouvoir globales qui ont marqué le monde au moins depuis le XVIe siècle ?

Je préfère quant à moi l'image de « modernités enchevêtrées » (*entangled modernity*) proposée par Shalini Randeria[1] : ici, les développements politiques, économiques et intellectuels européens et nord-américains sont compris dans le passé comme dans le présent de façon relationnelle. La modernité résulte dès ses débuts d'un processus complexe d'interactions entre différentes régions du monde[2]. Il s'agit non seulement d'une entreprise globale, mais d'une entreprise fondée sur des rapports politiques et économiques inégaux.

---

1. Randeria, 2006.
2. Goody, 1996, par exemple, parle d'une oscillation historique entre différentes régions de l'Eurasie.

Les personnes rencontrées entre Ghazni, Athènes et New York nous parlent à leur manière de ces enchevêtrements. Toutefois, malgré l'influence dans les milieux académiques des critiques postcoloniales ou décoloniales, force est de constater que c'est bien une vision normative de la modernité qui inspire l'effort de reconstruction post-conflit en Afghanistan et dans bien d'autres pays autour du globe. L'insurrection, le trafic de drogue ou encore la corruption conduisent les milieux onusiens à considérer l'Afghanistan comme un État failli (*failed state*). Ce constat, couplé avec l'idée que le pays est une source d'instabilité au niveau régional et de danger au niveau international, déclenche une intervention d'un certain type. Il s'agit de s'attaquer à un problème géographiquement circonscrit mais qui a des implications potentiellement globales.

Pour les conseillers politiques ou économiques, les travailleurs humanitaires, les spécialistes du développement qui peuplent les organisations internationales et non gouvernementales, promouvoir la paix consiste à reconstruire l'État, réformer le secteur judiciaire, rationaliser l'administration, réorganiser la police et les forces armées. Qu'ils soient Afghans, Salvadoriens ou Norvégiens, ils s'engagent en faveur de ce qu'Oliver Richmond[1] nomme la paix libérale, une approche hégémonique qui cherche à implanter les institutions caractérisant les démocraties libérales occidentales. Leur vision étato-centrique s'accompagne de la volonté de transformer les normes culturelles et sociales jusque dans les structures familiales pour qu'elles se confor-

---

1. Richmond, 2011.

ment à un modèle supposé plus équitable. Cet idéal universaliste va paradoxalement de pair avec une vision romantique et dépolitisée du local, qui entre en contradiction avec l'écheveau d'itinérances décrit dans cet ouvrage. La démarche ethnographique permet de déconstruire le grand récit de la modernisation et le caractère inéluctable de l'État pour organiser la vie sociale.

Sommes-nous en face d'une simple fantaisie, d'un cosmopolitisme déconnecté des réalités quotidiennes de la population afghane ou au contraire d'un élément important de la manière dont le monde d'aujourd'hui est gouverné ? Pour rendre compte de ce qui se passe en Afghanistan, il est aussi crucial de conduire une analyse minutieuse de la manière dont la paix libérale est promue sur le terrain, de la sociabilité des experts qui circulent d'un pays à l'autre et forment une communauté épistémique puissante à travers le globe, que d'étudier l'évolution des alliances politiques, les logiques électorales ou la progression de l'insurrection sur le territoire national. L'État en Afghanistan n'a pas le monopole de l'usage légitime de la force. La situation confuse du pays illustre les déplacements de souveraineté et de légitimité liés à l'affermissement du rôle et à la visibilité croissante d'acteurs supra-, infra- et trans-étatiques, que ce soient les organisations internationales et non gouvernementales, les réseaux islamistes ou les groupes du crime organisé.

Engoncés dans leur point de vue normatif, de nombreux observateurs s'interdisent d'analyser les facteurs structurels à l'œuvre ou de remettre en question le paradigme de la paix libérale. Pour examiner l'économie politique actuelle de l'Afghanistan, ne faut-il pas tourner résolument le dos aux analyses du conflit en termes non seulement d'une lutte entre tradition et modernité mais aussi de cupidité, de fanatisme religieux, de tensions tribales et ethniques ? Pour saisir la complexité des jeux de pouvoir en Afghanistan, j'adopte une grille d'analyse qui privilégie les circulations et consiste en quatre réseaux transnationaux qui canalisent ressources matérielles et immatérielles. Ils se chevauchent sur le terrain et doivent être compris comme des idéaux-types résumés dans la figure suivante :

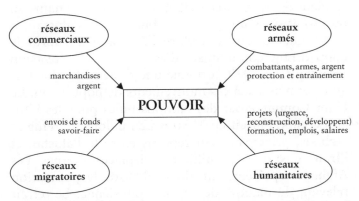

Figure : réseaux transnationaux et pouvoir en Afghanistan[1]

Les réseaux migratoires sont liés à la circulation de millions de personnes entre l'Afghanistan, le Pakistan, l'Iran, les pays de la péninsule arabique, mais

---

1. Je reprends ce schéma en l'adaptant d'un article publié précédemment (Monsutti, 2012).

aussi l'Europe occidentale, l'Australie et l'Amérique du Nord. La mobilité a toujours fait partie du paysage social et culturel afghan : nomades qui mènent au gré des saisons leurs troupeaux à la recherche des meilleurs pâturages, mais qui tirent profit de leurs déplacements pour commercer avec les sédentaires, populations montagnardes qui se rendent en ville ou dans les basses terres pour trouver un emploi saisonnier, pèlerins, fuyards ou conquérants. L'itinérance n'est d'ailleurs pas le propre des personnes qui se déplacent ; elle marque également la vie économique, la culture matérielle et les aspirations de ceux qui résident dans un village de montagne en Afghanistan ou vivent dans un quartier suburbain au Pakistan.

La guerre, qui a déchiré l'Afghanistan après le coup d'État communiste d'avril 1978 et l'invasion soviétique de 1979, a donné une dimension plus tragique et massive à ces mouvements de population. Le Haut Commissariat des Nations unies pour les réfugiés comptabilisait en 1990 6,22 millions de réfugiés afghans, principalement répartis entre le Pakistan et l'Iran, ainsi que 1,5 million de déplacés internes. Les Afghans représentaient alors 40 % de la population relevant du mandat de l'agence onusienne. Le retrait des troupes soviétiques (1989), la prise de Kaboul par les forces de la résistance (1992), puis l'intervention internationale dirigée par les Américains et la chute du régime des talibans (2001) ont provoqué d'importantes vagues de retours.

La population d'origine afghane vivant à l'étranger reste néanmoins considérable. Selon les statistiques du HCR, les Afghans forment ainsi en 2015

Des modernités contestées...

la deuxième population de réfugiés au monde – avec plus de 2,5 millions – après les Syriens[1]. D'ailleurs, le rapatriement ne signifie pas nécessairement la fin des déplacements. Les Afghans ont développé des stratégies sociales très efficaces, basées sur la dispersion et la circulation continue des membres des groupes de parenté et de solidarité[2]. Ceux qui se sont rendus à l'étranger économisent de l'argent et acquièrent des compétences nouvelles, ils développent aussi des revendications politiques inédites. Ils envoient d'importantes sommes d'argent à leurs proches demeurés au pays. L'existence de ces transferts permet de comprendre que la fuite devant la violence n'est pas toujours incompatible avec une véritable stratégie migratoire. Ils ont des conséquences sociales, politiques et économiques importantes pour l'Afghanistan. Ils stimulent et orientent les déplacements futurs, car les itinérants – qu'ils soient étiquetés comme réfugiés ou migrants par les services de l'immigration des pays où ils se trouvent – fournissent aux personnes vivant dans la région d'origine des informations sur les possibilités qui existent en différents endroits. Les envois de fonds révèlent ainsi l'existence de réseaux sociaux qui relient des lieux éloignés.

Dans le contexte afghan, la mobilité est non seulement une conséquence douloureuse de la guerre, elle est également devenue une stratégie pour diversifier les moyens de subsistance et répartir les risques. Elle

---

1. Voir: http://www.unhcr.org/pages/49e486eb6.html, consulté le 31 octobre 2015.
2. Monsutti, 2004.

est une caractéristique essentielle de l'économie politique du pays dans son ensemble et brouille la relation entre population et territoire. Pour beaucoup de jeunes hommes en particulier, migrer est un rite de passage à l'âge adulte, une manière d'affirmer son autonomie et de construire sa masculinité[1].

Les réseaux commerciaux vont de l'importation de biens de consommation courante au trafic de stupéfiants. L'Afghanistan est en effet le théâtre d'intenses activités commerciales qui sont très rentables sans contribuer grandement aux recettes de l'État. L'importance de l'économie de la drogue, en particulier, ne peut pas être exagérée. Rappelons qu'environ 90 % de l'héroïne mondiale serait d'origine afghane. Bien loin de diminuer, la production de pavot à opium a atteint un niveau record en 2014. L'Office des Nations unies contre la drogue et le crime a évalué en 2009 le marché global des opiacés à 68 milliards de dollars, dont près de 60 milliards générés par la seule production afghane (UNODC 2011, 2015). Les agriculteurs afghans auraient gagné en 2010 le montant relativement modeste de 440 millions de dollars, les plus grands profits étant faits par les organisations criminelles transnationales. Les Nations unies considèrent que l'insurrection est la principale responsable de la production et de la contrebande de stupéfiants. Il est vrai que la culture du pavot est concentrée dans les provinces du sud, où les forces anti-gouvernementales sont les plus actives. Mais les voies d'exportation sont remarquablement diversifiées et traversent des régions

---

1. Monsutti, 2007.

où les talibans sont peu présents. L'écoulement des opiacés en provenance d'Afghanistan se fait en proportion comparable à travers le Pakistan (30 %), l'Iran (40 %), et les républiques d'Asie centrale (30 %). Compte tenu de ces chiffres, l'économie de la drogue apparaît comme un phénomène transversal qui ne peut être expliqué par l'action d'une seule partie en conflit.

La contrebande concerne également l'importation et le transit de toutes sortes de produits manufacturés d'usage courant. Kaboul et Islamabad ont signé en 1965 un accord sur le commerce de transit – renouvelé en été 2010 – qui permet à l'Afghanistan, pays enclavé, d'importer hors-taxe des marchandises par le Pakistan. Il permet réciproquement au Pakistan d'exporter ses produits vers l'Asie centrale à travers l'Afghanistan. Le but, louable, est de soutenir le développement du commerce afghan et de l'intégrer dans l'économie régionale. Mais de nombreux produits qui sont importés en Afghanistan nourrissent les activités de contrebande vers les pays limitrophes. Le gouvernement tente d'exercer son contrôle sur ces échanges transfrontaliers afin d'augmenter ses revenus. Au cours de l'année 1387 du calendrier afghan (correspondant à la période allant de mars 2008 à mars 2009), il a été en mesure de collecter 18 860 millions d'afghanis d'impôt, près de 400 millions de dollars, correspondant à 68 % des recettes intérieures. Mais cela reste marginal pour le budget national, qui est très dépendant de l'aide internationale. La contrebande et le trafic de drogue imprègnent tous les secteurs de la société afghane et génèrent des gains énormes. Il est difficile de toucher à cette économie liée à la continuation de l'insécurité sans menacer des intérêts multiples qui vont bien au-delà des frontières nationales.

Les réseaux armés incluent les insurgés, qui reçoivent des armes, de l'argent, des combattants et le soutien logistique d'une nébuleuse de sympathisants, ainsi que les commandants djihadistes, qui ont accepté de collaborer avec l'État central sans désarmer leurs partisans. Mais il faut aussi considérer les troupes étrangères, qui ont pu représenter des dizaines de milliers de personnes et bénéficier de tout un réseau parallèle de distribution, et les entreprises de sécurité privées, qui emploient de nombreuses personnes en Afghanistan et vendent leurs services à des organisations internationales et non gouvernementales, des ambassades ou des grandes compagnies. Tous font désormais partie du paysage politique et économique national. Leur influence sur la société afghane va bien au-delà des questions de sécurité. Elle est visible a contrario dans la fuite des classes moyennes citadines après le retrait – même partiel – des forces militaires étrangères et de nombreuses organisations humanitaires en 2014. Ayant de moins en moins de perspectives et de soutien au Pakistan et en Iran, nombreux sont les Afghans qui cherchent à se rendre en Europe.

La montée en puissance des talibans, qui ont pris Kaboul en septembre 1996, est l'aboutissement d'une évolution progressive, qui a vu les mouvements islamistes devenir la principale force politique dans la région. Les attaques terroristes de septembre 2001 à New York et Washington ont déclenché l'intervention d'une coalition militaire dirigée par les Américains. Les talibans ont été rapidement chassés de la capitale et des centres urbains mais ont pu reconstruire leurs forces dans leurs bastions du sud et de l'est.

L'insurrection en Afghanistan est en relation étroite avec les groupes militants sunnites au Pakistan. Pour comprendre le succès de ces mouvements, la longévité politique et militaire des talibans et l'émergence successive de l'État islamique, nous devons considérer les profondes transformations de l'organisation sociale des deux côtés de la ligne Durand, cette frontière héritée de la période coloniale qui sépare aujourd'hui l'Afghanistan et le Pakistan. Les effets conjugués de la guerre et de l'aide internationale, les mouvements massifs de réfugiés et la migration de travailleurs vers les pays de la péninsule arabique ont ébranlé les équilibres villageois.

L'émergence des talibans puis de l'État islamique exprime la fragmentation des formes traditionnelles d'autorité et la montée d'une nouvelle classe politique qui légitime son ascension au nom des valeurs supranationales de l'Islam. Une nouvelle génération de dirigeants défie le pouvoir des élites politiques liées à l'ancien establishment monarchique et des propriétaires terriens. La lutte des militants islamistes contre les États-Unis et leur capacité à répandre de plus en plus efficacement leur message en utilisant les nouvelles technologies de l'information et de la communication leur ont donné une visibilité mondiale. Outre leur résistance armée, ils adoptent un discours éthique pour condamner non seulement la prééminence politique de l'Occident mais aussi sa volonté d'exporter les valeurs supposées universelles de la démocratie et des droits de l'homme. Ils partagent le niveau d'action transnational des organisations humanitaires[1], alors qu'ils se positionnent à l'extrémité opposée de l'échiquier politique.

Le dernier type de réseau est justement constitué pas la myriade d'organisations humanitaires. La population afghane a une ancienne expérience de leur action. Dans les années 1980, une partie de l'aide des gouvernements occidentaux à la résistance antisoviétique transite par des ONG. Nombreuses sont les organisations qui débutent dans la région par des programmes pour les réfugiés au Pakistan. Certaines étendent progressivement leurs activités à l'intérieur du territoire afghan, dont l'accès est contrôlé par les services de renseignement pakistanais. Il est difficile dans ce contexte de guerre froide de ne pas être instrumentalisé politiquement.

L'importance géopolitique de l'Afghanistan diminue après la dissolution de l'URSS, mais 2001 marque le début d'une véritable ruée humanitaire sans commune mesure avec les décennies précédentes[2]. À côté de quelques vieux routiers, des jeunes diplômés sans expérience débarquent du Canada, de France ou d'Allemagne. De nombreux Afghans de la diaspora se rendent à Kaboul après une longue absence. Les attentes sont extrêmement élevées. Hamid Karzaï, alors président de l'administration intérimaire, n'hésite pas à affirmer que la capitale afghane deviendra en une dizaine d'année un nouveau Dubaï. Avec le recul de quelques années à peine, une telle projection apparaît

---

1. Devji, 2005.
2. Monsutti, 2013.

fantasmagorique. La situation est loin de correspondre à cette vision optimiste. Le contrat de confiance entre les organisations internationales et non gouvernementales et la population s'est graduellement érodé. En 2005, Ramazan Bashardost, intellectuel formé en France et alors ministre du plan, est contraint à la démission après avoir affirmé que les ONG étaient pires que les seigneurs de guerre. Si son discours provoque un tollé parmi les expatriés, il n'est pas sans rencontrer une certaine approbation dans l'opinion publique afghane.

Au-delà des vicissitudes de la popularité de l'ONU et des ONG, le cas de l'Afghanistan est dans le même temps exemplaire et unique. Le pays est formellement une démocratie avec un président et un parlement élus, mais le gouvernement dépend presque entièrement de l'aide extérieure pour la sécurité et les programmes de protection sociale. Une vaste bureaucratie transnationale s'est installée à Kaboul. Mon but n'est pas de porter un jugement positif ou négatif, mais de souligner que les travailleurs humanitaires font partie intégrante de l'économie politique transnationale de l'Afghanistan, au même titre que les migrants, les trafiquants et les insurgés. Aucun acteur n'est du bon ou du mauvais côté de l'histoire. Ils évoluent tous dans une arène politique, où le pouvoir découle du contrôle des ressources matérielles, mais aussi sociales et discursives, dans lesquelles il faut inclure aujourd'hui l'aide extérieure, les droits de l'homme et la démocratie, ainsi que les valeurs véhiculées par un islam transnational. L'ONU et les ONG restent l'un des débouchés professionnels privilégiés pour les jeunes éduqués de Kaboul, Hérat ou Mazar-e Sharif. Que les organisations humanitaires se déclarent neutres ne doit pas nous empêcher à réfléchir aux enjeux politiques et économiques qu'elles représentent pour les acteurs locaux et internationaux.

Tous ces réseaux peuvent être conçus comme des facettes de ce qu'on a pris l'habitude de nommer globalisation. Ils canalisent des ressources transnationales qui peuvent être utilisées dans les luttes sociales et politiques. Ils représentent la vaste gamme de souverainetés, multiples et segmentées, qui caractérise des endroits comme l'Afghanistan et de nombreux autres États postcoloniaux d'Asie et d'Afrique. L'État-nation n'a probablement jamais été le lieu privilégié de la souveraineté dans de grandes parties du monde, où d'autres formes légitimes de gouvernement s'exprimaient. Thomas Blom Hansen et Finn Stepputat[1] préconisent une approche ethnographique des pratiques du pouvoir qui implique d'étudier les structures informelles telles que les réseaux illégaux, les insurgés, les groupes d'autodéfense, et – devrions-nous ajouter – les forces armées étrangères. Les organisations humanitaires et de développement doivent également être incluses dans un tel programme de recherche, car elles participent au gouvernement de pays tels que l'Afghanistan au nom d'une rationalité technicienne visant à améliorer les conditions de vie des populations.

Tout au long de son histoire, l'État afghan, dans sa capacité à fournir des services à la population, a été façonné par des interventions extérieures (il béné-

---

1. Hansen & Stepputat, 2006.

ficiait déjà des subventions britanniques au cours du XIXᵉ siècle), qui peuvent limiter la souveraineté de l'État, mais aussi contribuer à l'affermir[1]. Incapable de générer des recettes propres suffisantes, le gouvernement afghan ne peut construire une certaine légitimité qu'en s'associant à la distribution de l'aide internationale. Loin d'être une entité abstraite, l'assemblage entre l'État et ses partenaires internationaux est rendu visible par toute une série de pratiques bureaucratiques concrètes.

D'une part, un appareil d'État fragmenté, avec ses multiples entités bureaucratiques plus souvent en compétition qu'en relation de coopération, coexiste avec d'autres souverainetés. D'autre part, le renforcement de ces formes de gouvernement transnational n'empêche pas la permanence de l'État-nation comme entité organisationnelle de la politique internationale d'aujourd'hui. Sur le premier point, une différence de degrés de souveraineté n'est pas un phénomène nouveau, cela caractérisait déjà les empires coloniaux. Le deuxième point est peut-être plus crucial pour saisir les particularités de la période contemporaine. Plus que la fin parfois annoncée de l'État-nation, cette coexistence entre des États aux caractéristiques hétérogènes et un gouvernement transnational aux multiples visages pourrait être l'une des particularités du monde d'aujourd'hui.

L'anthropologie plus que les autres sciences sociales donne les moyens de compliquer tout discours linéaire de l'histoire politique mondiale. L'Afghanistan, cette

1. Barfield, 2010, Hanifi, 2008.

marge supposée du monde, est bon à penser : le pays est à l'avant-garde de certains processus contemporains. Selon Jean et John Comaroff[1], la modernité de ce que l'on appelle le Sud n'est pas une copie maladroite de l'original, qui serait éclos en Occident. Ils renversent les géographies et les chronologies entre le centre et la périphérie en insistant sur le fait que le Sud ressent les conséquences des forces globales de façon rapide et brutale, préfigurant peut-être ce qui se passera ensuite au Nord.

J'ose étendre leur argument à l'Afghanistan : il est erroné de considérer que le pays accuse un retard historique sur le monde européen et américain, un retard qu'il pourrait partiellement combler en appliquant les principes de la bonne gouvernance. Je ne souscris pas à la vision dichotomique entre tradition et modernité, entre ceux qui s'efforcent de promouvoir la paix, l'éducation et la croissance économique, et ceux qui s'emploient à saper le processus de reconstruction post-conflit. La vie quotidienne de la population afghane est façonnée par des forces politiques et des principes moraux qui entrent en concurrence. Si le modèle économique néolibéral associé au système politique démocratique s'est imposé après la chute de l'Union soviétique comme la seule forme d'organisation possible dans une grande partie du monde – avec de notables exceptions comme la Chine –, il rencontre une forte résistance en Afghanistan. L'autorité du gouvernement national, soutenu financièrement, militairement et logistiquement par les puissances occidentales

---

1. Voir Jean et John Comaroff, 2012.

et les Nations unies, est contestée par les insurgés qui se battent pour un autre contrat social et politique. De larges segments de la population ne semblent ainsi pas convaincus par les mérites des programmes de promotion de la démocratie, des droits de l'homme et de l'émancipation des femmes portés par les organisations internationales et non gouvernementales. Ces dernières restent dépendantes des bailleurs de fonds occidentaux. Malgré les milliards et milliards de dollars dépensés depuis 2001[1], elles peinent à diffuser les valeurs qu'elles défendent dans le domaine public afghan, à conquérir les esprits au-delà des centres urbains et à obtenir le consentement des populations rurales, nécessaire pour établir cette hégémonie culturelle – pour parler comme Antonio Gramsci[2] – qui amène une société nationale dans son entier à accepter l'idéologie de la classe dirigeante. En ce sens, l'histoire récente de l'Afghanistan peut être interprétée comme l'échec du projet hégémonique de la paix et de la démocratie libérales, voire comme le reflet d'une lutte des classes d'un type nouveau, globalisée.

L'Afghanistan est approché comme une arène politique transnationale et globale, où se nouent et se dénouent de nombreuses formes de circulation. Le regard transversal de l'anthropologue recompose les multiples mobilités en passant d'un lieu à l'autre : d'un village du Hazarajat à un hôtel d'Abu Dhabi, d'un chantier de Téhéran à un centre d'accueil à Lesbos. Toutefois, les jeux d'échelle ne sont pas d'abord

---

1. Voir le site http://costsofwar.org.
2. Gramsci, 1971.

reliés à la perspective adoptée mais à ce que les gens rencontrés au cours de mes itinérances disent et font. Les réseaux dont je parle ne doivent pas être conçus dans un espace vertical, aplati. Les différentes mobilités, celles des riches, celles des pauvres, nous parlent d'inégalité, mais aussi d'inventivité. L'*homo itinerans* n'est ni une abstraction poétique, ni un idéal-type ; il décline des formes à la fois de pouvoir et de subversion liées à l'imposition universaliste qui inspire l'effort de reconstruction de l'Afghanistan et la manière dont l'asile est conçu au niveau international.

Épilogue

> « *Je déteste tout attachement sentimental au passé, aussi bien que le culte technocratique du futur. L'un et l'autre se fondent sur une notion statique et linéaire du temps (c'est ce qu'ont de commun passéistes et technocrates).* »
>
> Aldo van Eyck (1918-1999),
> « L'intérieur du temps » (1967)

Le 31 juillet 1996, c'est mon anniversaire. J'ai passé la nuit dans un magasin abandonné à Do Ab-e Mikh-Zarrin, à mi-chemin entre Bamyan et Doshi. Je me trouve avec quelques compagnons de circonstance que m'a présentés la veille le vaccinateur d'une ONG avec lequel j'ai sillonné la région. La journée commence mal : en secouant ma couverture, je me fais piquer au poignet par une guêpe. Mes pensées se tournent vers mon foyer, vers Alice. Que ferait-elle à ma place, avec son allergie au venin, isolée dans ce recoin de l'Hindou-Kouch ? À côté des désirs les plus intimes, la nostalgie prend chez moi une forme alimentaire : plus que de vin, ma gorge rêve de limonade acidulée et de gruyère salé.

Après avoir pris congé de mes camarades d'une nuit, j'avale rapidement un thé brûlant et un morceau de pain cuit au feu de bois. Je négocie avec un chauffeur de KamAZ, le camion militaire soviétique qui règne alors sur les routes du Hazarajat. Il a acheminé de Mazar-e Sharif un chargement de blé pour le compte du PNUD. Il rentabilise son voyage de retour en transportant autant de personnes que possible vers la grande ville du nord afghan. Guilleret, je jette mon sac sur l'arrière du camion avant d'y grimper moi-même. Malgré les cahots de la route qui finissent par briser les corps, j'aime ces voyages au grand air où les gens n'ont rien d'autre à faire que bavarder.

Mouvement de foule : un jeune milicien arrive, menaçant. Il hurle qu'il faut descendre du camion. Il pointe son arme vers moi, à bout portant. Je saute sur le sol parmi deux ou trois autres personnes. Discrètement, je tourne autour du camion. Le jeune combattant ne semble pas avoir repéré que je suis étranger. Le chauffeur, qui connaît mon identité, m'indique d'un signe discret de la tête de monter dans sa cabine et me dit dans un souffle de me cacher derrière les sièges. Après une attente qui semble interminable, il me rejoint avec son assistant, met le moteur en marche et démarre. Furieux, il m'explique ce qui s'est passé. Le commandant local avait la bonne habitude d'exiger un paiement à tout voyageur qui traversait son territoire. Do Ab-e Mikh-Zarrin se situe sur la route qui relie Kaboul à Mazar-e Sharif. Le commandant vient de recevoir un ultimatum d'Ahmad Shah Massoud

Épilogue

et d'Abdul Rashid Dostum : il ne doit pas empêcher la circulation fluide de personnes et de marchandises le long de cet axe essentiel pour les forces qui combattent les talibans, au moment même où ces derniers assiègent la capitale. Inquiet de perdre une juteuse source de revenus, il opte pour une autre tactique et astreint les voyageurs à utiliser ses propres véhicules. Je remercie Jawad, le chauffeur, de m'avoir aidé. Homme jeune et jovial, résidant à Mazar-e Sharif, il me donne une vigoureuse tape sur le genou : « Je t'en prie, tu es mon invité ! »

Il faut hurler pour s'entendre. La musique, le bruit du moteur, le bringuebalement du vieux camion... Mais nos pérégrinations ne sont pas terminées. Plus tard dans la matinée, nous nous approchons d'un KamAZ arrêté au bord de la route. Le chauffeur nous hèle pour demander de l'aide. À peine Jawad s'arrête-t-il qu'un homme en arme surgit. En brandissant sa kalashnikov, il nous oblige à remorquer le véhicule en panne. L'homme, qui doit avoir une trentaine d'année, monte dans la cabine et s'installe à mes côtés, son arme entre les jambes. Il me regarde, voit un paquet de cigarettes dans la poche poitrine de ma chemise. D'un ton qui semble indiquer qu'il souhaite engager la conversation, comme si la situation n'avait rien d'anormal, il m'en demande une. Je lui rétorque du tac au tac, entre les dents : « *Segret na mekashom !* » (« Je ne fume pas ! »).

Il se penche à nouveau vers moi, étonné, regarde mieux en direction de ma poitrine, mais n'insiste pas. Par instinct, je sais que partager une cigarette s'accompagne toujours d'un échange de paroles. Il aurait très rapidement compris que j'étais étranger. M'aurait-il offert gîte et couvert ? C'est possible. Mais mon expérience du matin m'a suffi. Je suis heureux de ne pas devoir tester le sens de l'hospitalité des combattants de Sayed Mansur Naderi. Nous pénétrons le camp de Kilagay, avec ses amoncèlements de carcasses d'hélicoptères et de véhicules blindés laissés en pâture au soleil et aux vents de sable. Est-ce là qu'a été tourné *Stalker*, le film de Tarkovsky ? Mais ici, l'omniprésence de l'eau est remplacée par celle du sable qui pénètre mes yeux, mes narines, mes oreilles. Les miliciens ne sont pas particulièrement agressifs, mais ils exigent que Jawad répare leur camion avant de nous laisser repartir sans mal, deux heures plus tard. Jawad, bravache, ne peut s'empêcher de lancer : « Alors, "merci" ne fait pas partie de votre vocabulaire ! »

Arrivé à Pul-e Khumri, je me sépare de mon ange gardien d'un jour, qui refuse catégoriquement que je le paie : « *Mehmân hasti !* » (« Tu es mon invité ! »).

Rencontre fugace et pourtant déterminante ; je souhaiterais passer plus de temps avec lui. Je continue en taxi collectif jusqu'à Mazar-e Sharif, où j'arrive sans encombre en fin de journée. Après plusieurs mois à sillonner les vallées et les cols du Hazarajat, je me retrouve à nouveau dans une ville. Je peux enfin appeler chez moi, à la fin d'un périple qui m'a transformé. « Je suis d'où je vais ! » Peut-être que pour le sage vieillard de Bamyan, plus que la destination – même celle dont nous rêvons –, c'est le parcours qui nous définit. Je suis arrivé à bon port, sain et sauf. Tous les itinérants dont j'ai croisé les destins ne peuvent

Épilogue

pas en dire autant. Et pourtant, je suis habité par un sentiment ambivalent, partagé entre la satisfaction du travail accompli et la peur de la monotonie, le soulagement et la nostalgie.

Des années plus tard, je lis sur Facebook le post de Zari, une jeune Afghane qui vient de déposer une demande d'asile en Allemagne. Elle se définit en utilisant les termes *âwâragi*, que l'on peut traduire par « vagabondage », « errance », et *âwâra*, « vagabond », « errant » :

– « *Âwâragi*, cela signifie d'être née à Téhéran, d'avoir été renvoyée à Kaboul, et de me retrouver à Berlin ; mais nulle part tu ne vis ta vie. »

Cette petite phrase déclenche de nombreuses réactions.

– Shafiqa, à peine arrivée en Australie, écrit : « Demeure une itinérante [*âwâra*], il y a la mort dans l'immobilité. »

– Zari : « Je me sens triste lorsque je pense au fait d'être une *âwâra*. »

– Shafiqa : « L'errance est dans le sang de notre génération. Imagine seulement : en trois décennies, nous avons fait l'expérience des malheurs de trois siècles. »

– Zari : « Durant ces trois décennies, trois générations sont devenues errantes et la quatrième génération en prend le chemin, nous sommes sans foyer, en suspension, sans identité. »

– Suraya, une jeune femme qui réside aux États-Unis, intervient dans la conversation : « Chère Zari, il n'y a pas de vie au-delà de cela ; c'est la vie, notre vie. »

– Zari : « Notre vie, une errance sans fin. »

– Hashmat apporte une contribution par un verset libre : « Nous devons emporter notre identité sous le bras lorsque nous partons, car les murs de notre foyer sont putrides et nous errons dans des rues qui ne nous accueillent pas chaleureusement. »

– Zari : « Ces rues qui ne nous accueillent pas chaleureusement et ces murs putrides qui ne portent pas notre identité. »

– Hashmat : « Ces murs putrides se sont écroulés, des milliers et des milliers parmi les personnes disparues vont sortir de terre ».

– Kousha, qui vit en Inde : « *Âwâragi*, cela signifie être déracinés ».

– Munira : « Je suis née à Kaboul, j'ai demandé l'asile à Hambourg, mais cela n'est que le début de mon histoire... Je suis jetée ensuite en Norvège et j'ai tout dû recommencer... Je suis jetée en Angleterre et j'ai tout dû recommencer... Je suis jetée en Écosse et j'ai tout dû recommencer... Et peut-être serai-je bientôt jetée en un autre endroit... Peut-être que la vie n'est que cela, un déracinement sans fin. »

– Sadiq : « Nous sommes une génération errante. »

– Shafiqa : « Une génération errante, constamment entre deux déplacements. Même si nous n'étions plus jetés d'un pays à l'autre, le simple fait que notre esprit est déraciné suffirait à nous interdire de rester en un lieu, même dans le pays qui nous a accordé l'asile. Il y a la mort dans l'immobilité. »

Âwâragi, l'itinérance, *âwâra*, l'*homo itinerans*. Certes, ces jeunes Afghans parlent de leur déracinement, de leur incapacité matérielle mais aussi mentale à s'établir en un lieu et à y construire leur vie. C'est

Épilogue

épuisant, douloureux, insupportable. Dans le même temps, « il y a la mort dans l'immobilité ».

À l'automne 2009, je donne à Yale un cours d'anthropologie politique de l'Afghanistan. Une jeune étudiante, bien campée sur ses pieds, me dit avoir effectué un stage de six mois dans le bureau qui s'occupait du dossier afghan au Département d'État à Washington. Elle me demande si elle apprendra des choses nouvelles en suivant mon enseignement. Sans parvenir à masquer mon sarcasme, je lui réponds que je serais très heureux si elle acceptait de faire bénéficier de son expérience les autres étudiants. Quant à moi, lui dis-je, je travaille depuis plus de quinze ans sur l'Afghanistan et j'ai surtout accumulé des doutes ; c'est donc de doutes plus que de certitudes, de questionnements plus que de recettes, qu'il s'agira pendant le semestre.

Le présent ouvrage conserve cette philosophie. En construisant le texte autour de petites vignettes ethnographiques, j'ai voulu montrer les multiples facettes de la crise afghane, porter mon regard sur les différentes formes de mobilité, mettre en évidence les jeux d'échelle. *Homo itinerans*, ce sont les Afghans qui migrent de par le monde, les expatriés qui circulent d'une crise à l'autre, le chercheur, qui passe d'un village de montagne à un camp de réfugiés puis au bureau d'une agence onusienne. Tous évoluent dans le monde présent, tous développent des liens transnationaux, tous franchissent des frontières et acquièrent ce « cosmopolitisme ordinaire » qui devient la condition du plus grand nombre, selon Michel Agier[1]. Mais les mul-

1. Agier, 2013.

tiples modalités de l'itinérance, loin de mettre à plat les rapports sociaux, révèlent les asymétries de plus en plus flagrantes qui marquent le monde contemporain.

L'Afghanistan est une arène, à la fois localisée et globalisée, où s'affrontent différentes conceptions de la vie sociale et du contrat politique. Certains organisent leurs discours en référence au passé, légitiment leurs actions par le capital symbolique accumulé lors de la lutte antisoviétique, l'islam, un idéal d'harmonie villageoise ; d'autres se projettent vers le futur, placent la construction de l'État, la promotion des droits de l'homme et l'émancipation des femmes au cœur de leur rhétorique. Mais tous sont engagés dans des joutes politiques en prise avec les enjeux contemporains de l'Afghanistan et du monde global. Inspiré par les propos du grand architecte néerlandais cité en début de cette section, je m'efforce de comprendre les développements politiques du pays sans me référer à un passé idéalisé ou à un futur dont l'aune serait l'Occident. Mon but est d'échapper à toute téléologie et d'éviter de caractériser de rétrogrades les forces politiques qui résistent au projet de gouvernement et de société porté par les Nations unies et les États-Unis en Afghanistan.

L'Afghanistan a été le théâtre de la lutte entre les grandes idéologies de notre temps, du colonialisme au marxisme et au nationalisme, et du libéralisme à l'islamisme, avec d'infinies déclinaisons au sein de chacune de ces familles, comme en témoignent l'affrontement entre les talibans et l'État islamique. Et n'oublions pas toute l'industrie humanitaire. Si je ne peux m'identifier, ni au projet de société porté par

Épilogue

les talibans, ni à la forme que prend leur révolte contre les injustices, j'ai plus de sympathie pour les modes de subversion induits par la mobilité polymorphe des Afghans que pour la circulation des « aristocrates de l'humanitaire ». Celle-là me semble plus créative que celle-ci, au-delà de la souffrance et de la méfiance qui caractérisent les relations entre migrants, réfugiés, requérants d'asile.

J'espère que ce petit ouvrage contribuera à démonter quelques certitudes sur un pays qui cristallise des fantasmes contradictoires, allant de la fascination pour le mode de vie des nomades et des tribus à la répugnance pour l'extrémisme des militants islamiques. Il doit d'abord se lire comme une marque de reconnaissance et de respect à l'égard des personnes que j'ai rencontrées, qui m'ont accueilli en leurs demeures, qui m'ont offert un repas et ont répondu à mes questions. Il porte par là même un message de scepticisme face à toute prétention de leur enseigner ce que signifie vivre ensemble.

À propos de l'enquête

J'*effectue dans la deuxième moitié des années 1990 de longs séjours de terrain en Afghanistan, au Pakistan et en Iran dans le cadre de mon travail de doctorat. Grâce à une bourse de la Fondation MacArthur (Chicago), j'étends entre 2004 et 2006 mes recherches aux Afghans qui se rendent en Europe, en Amérique du Nord et en Australie. En 2006, je participe à un projet collectif financé par l'Agence nationale de la Recherche et intitulé « Experts, médiateurs et courtiers de la bonne gouvernance : étude comparative des pratiques transnationales de démocratisation ». Cela me permet d'aborder la thématique de la promotion de la démocratie et de réfléchir au rôle des organisations humanitaires dans l'économie politique du conflit afghan et de la reconstruction postconflit. Après la chute du régime des talibans à la fin de l'année 2001, je travaille occasionnellement comme consultant pour diverses organisations internationales et non gouvernementales. Entre 2014 et 2015, je coordonne une recherche mandatée par le Haut*

Homo itinerans

Commissariat des Nations unies pour les réfugiés sur la situation des nombreux Afghans qui arrivent en Europe avec l'espoir de déposer une demande d'asile.

Les sources sur lesquelles s'appuie cet ouvrage sont donc multiples. Je circule entre les hauts plateaux et les centres urbains de l'Afghanistan, entre les chantiers de Téhéran et les rues de Manhattan, entre les camps de réfugiés au Pakistan et les bureaux des organisations internationales à Kaboul ou à Genève, entre un centre de détention de l'île grecque de Lesbos et la jungle de Calais. Mes recherches parmi les Afghans me conduisent ainsi sur quatre continents et une vingtaine de pays. À cette mobilité spatiale correspond la multiplication de mes positionnements. Je retourne sur les sites où je me suis rendu dans le passé, maintenant un contact ininterrompu avec les personnes connues lors de mes premiers séjours dans la région. Au gré des circonstances, je voyage en Afghanistan à pied ou en camion, à dos d'âne ou en Land Cruiser. Mais j'interviens également dans des programmes de formation à Kaboul, je fais de longs séjours au ministère du Développement rural, je collabore avec le Haut Commissariat des Nations unies pour les réfugiés. Tantôt je cherche à me fondre au sein de la population afghane, tantôt j'assume le statut d'expert international ou d'enseignant. Je diversifie ainsi mes points de vue sur un ensemble protéiforme de phénomènes sociaux et j'approche les logiques en jeu en Afghanistan sans me confiner à l'intérieur des limites étroites du territoire national.

Ma reconnaissance va aux nombreux parents, amis et collègues qui m'ont apporté leur soutien ou ont

À propos de l'enquête

enrichi mon regard par leurs réflexions : Abdul Karim Abawi, Haji Barkat Ali, Jean-François Bayart, Julie Billaud, Filipe Calvão, Pierre Centlivres, Micheline Centlivres-Demont, Dawn Chatty, Ashil Kaneshka Darmanger, Antonio Donini, Yvan Droz, Catherine Fragnière, Françoise Grange Omokaro, Zahed Hamdard, Jean-Pierre Jacob, Ghulam Sakhi Khatibi, Salvatore Lombardo, Ewen Macleod, Grégoire Mallard, Isabelle Milbert, Shalini Randeria, Gilbert Rist, Davide Rodogno, Giulia Scalettaris, Isabelle Schulte-Tenckhoff, Shaila Seshia Galvin, Richard Tapper.

J'ai bénéficié d'échanges stimulants avec les chercheurs du projet sur la démocratisation financé par l'Agence nationale de la recherche : Laëtitia Atlani-Duault, Romain Bertrand, Giorgio Blundo, Dejan Dimitrijevic, Marc-Antoine Pérouse de Montclos, David Recondo, et Boris Petric. J'ai passé une très belle période au Program in Agrarian Studies à Yale grâce à mes mentors et complices : Karen Hébert, Kay Mansfield, Keely Maxwell, Laura Sayre, James Scott, K. Sivaramakrishnan, Nandini Sundar. Je dois des remerciements tout particuliers à Michel Agier et Boris Petric, sans lesquels cet ouvrage n'aurait pas vu le jour. Mes pensées se tournent finalement avec gratitude vers tous ceux que j'ai côtoyés durant ces années de recherche de terrain et avec lesquels j'ai partagé un moment, fût-il fugace, d'itinérance. Si ma présence a pu perturber leur quotidien, ces rencontres ont transformé mon être au monde.

Bibliographie

ABBASI-SHAVAZI M. Jalal, GLAZEBROOK Diana, 2006, *Continued Protection, Sustainable Reintegration: Afghan Refugees and Migrants in Iran*, Kabul, Afghanistan Research and Evaluation Unit.

ABÉLÈS Marc, 2008, *Anthropologie de la globalisation*, Paris, Payot.

ADAMEC Ludwig W., 1972/1985, *Historical and Political Gazetteer of Afghanistan*, 6 vol., Graz, Akademische Druck- und Verlagsanstalt.

ADELKHAH Fariba, OLSZEWSKA Zuzanna, 2007, « The Iranian Afghans », *Iranian Studies*, vol. 40, n° 2, p. 137-165.

AGIER Michel, 2013, *La Condition cosmopolite. L'anthropologie à l'épreuve du piège identitaire*, Paris, La Découverte.

AGIER Michel, 2016, « Epistemological Decentring: At the Root of a Contemporary and Situational Anthropology », *Anthropological Theory*, vol. 16, n° 1, p. 22-47.

AGIER Michel, PRESTIANNI Sara, 2011, « *Je me suis réfugié là* ». *Bords de routes en exil*, Paris, Éditions Donner lieu.

BAKEWELL Oliver, 2008, « Research Beyond the Categories: The Importance of Policy Irrelevant Research into Forced Migration », *Journal of Refugee Studies*, vol. 21, n° 4, p. 432-453.

BARFIELD Thomas J., 2004, « Problems in Establishing Legitimacy in Afghanistan », *Iranian Studies*, vol. 37, n° 2, p. 263-293.

BARFIELD Thomas J., 2010, *Afghanistan: A Cultural and Political History*, Princeton & Oxford, Princeton University Press.

BARTH Fredrik, 1995, « Les groupes ethniques et leurs frontières », *in* Philippe POUTIGNAT, Jocelyne STREIFF-FENART, *Théories de l'ethnicité* suivi de *Les groupes ethniques et leurs frontières*, Paris, Puf, p. 203-249.

BAYART Jean-François, 2004, *Le Gouvernement du monde : une critique politique de la globalisation*, Paris, Fayard.

BILLAUD Julie, 2012, « The Making of Modern Afghanistan: Reconstruction, Transnational Governance and Gender Politics in the New Islamic Republic », *Anthropology of the Middle East*, vol. 7, n° 1, p. 18-37.

BILLAUD Julie, 2013, « Looking for the Afghan State in Abu Dhabi », *Allegra*, (http://allegralaboratory.net/fieldnotes-looking-for-the-afghan-state-in-abu-dhabi/, consulté le 2 décembre 2013).

BILLAUD Julie, 2015, *Kabul Carnival: Gender Politics in Postwar Afghanistan*, Philadelphia, University of Pennsylvania Press.

BOOT Max, 2001, « The Case for American Empire: The Most Realistic Response to Terrorism is for America to Embrace its Imperial Role », *Weekly Standard*, 15 octobre.

BOURDIEU Pierre, 1979, *La Distinction. Critique sociale du jugement*, Paris, Minuit.

Bibliographie

BRICK MURTAZASHVILI Jennifer, 2016, *Informal Order and the State in Afghanistan*, Cambridge, Cambridge University Press.

BRUBAKER Rogers, 2005, « The "Diaspora" Diaspora », *Ethnic and Racial Studies* 28(1), p. 1-19.

BURNES Alexander, 1986, *Cabool: A Personal Narrative of a Journey to, and Residence in that City*, Karachi, Indus Publications [1st ed., 1841].

CAROE Olaf, 1990, *The Pathans: 550 B.C.-A.D. 1957*. Karachi, Oxford University Press [1st ed., 1958].

CENTLIVRES Pierre, CENTLIVRES-DEMONT Micheline, 1999, « État, islam et tribus face aux organisations internationales : le cas de l'Afghanistan, 1978-1998 », *Annales HSS*, n° 4, p. 945-965.

CHAKRABARTY Dipesh, 2000, *Provincializing Europe: Postcolonial Thought and Historical Difference*, Princeton & Oxford, Princeton University Press.

CLASTRES Pierre, 1974, *La Société contre l'État. Recherches d'anthropologie politique*, Paris, Minuit.

COBURN Noah, 2001, *Bazaar Politics: Power and Pottery in an Afghan Market Town*, Stanford, Stanford University Press.

COBURN Noah, 2016, *Losing Afghanistan: An Obituary for the Intervention*, Stanford, Stanford University Press.

COBURN Noah, LARSON Anna, 2014, *Derailing Democracy in Afghanistan: Elections in an Unstable Political Landscape*, New York, Columbia University Press.

COMAROFF Jean, COMAROFF John L., 2012, *Theory From The South: Or, How Euro-America Is Evolving Toward Africa*, Boulder & London, Paradigm Publishers.

DAULATZAI Anila, 2006, « Acknowledging Afghanistan: Notes and Queries on an Occupation », *Cultural Dynamics*, vol. 18, n° 3, p. 293-311.

DE GENOVA Nicholas, 2013, « Spectacles of Migrant "Illegality": The Scene of Exclusion, the Obscene of Inclusion », *Ethnic and Racial Studies*, vol. 36, n° 7, p. 1180-1198.

DEVJI Faisal, 2005, *Landscapes of the Jihad: Militancy, Morality, Modernity*, Ithaca, New York, Cornell University Press.

DONINI Antonio, 2007, « Local Perceptions of Assistance to Afghanistan », *International Peacekeeping*, vol. 14, n° 1, p. 158-172.

DONINI Antonio, MONSUTTI Alessandro, SCALETTARIS Giulia, 2016, *Afghans on the Move: Seeking Protection and Refuge in Europe*, Geneva, Global Migration Centre (Global Migration Research Paper 17).

DORRONSORO Gilles, 2000, *La Révolution afghane. Des communistes aux tâlebân*, Paris, Karthala.

DUFFIELD Mark, 2001, *Global Governance and the New Wars: The Merging of Development and Security*, London & New York, Zed Books.

DUFFIELD Mark, 2007, *Development, Security and Unending War: Governing the World of Peoples*, Cambridge, Polity Press.

EDWARDS David B., 1994, « Afghanistan, Ethnography, and the New World Order », *Cultural Anthropology*, vol. 9, n° 3, p. 345-360.

EISENSTADT Shmuel N., 2000, « Multiple Modernities », *Daedalus*, vol. 129, n° 1, p. 1-29.

ELPHINSTONE Mountstuart, 1992, *An Account of the Kingdom of Caubul*, Karachi, Indus Publications, 2 vol. [1st ed., 1815].

ERMAKOV Oleg, 1997, *Hiver en Afghanistan*, Paris, Éditions 10/18.

FASSIN Didier, 2010, *La Raison humanitaire. Une histoire morale du temps présent*, Paris, Gallimard/Seuil.

Bibliographie

FERGUSON James, 1994, *The Anti-Politics Machine: « Development, » Depoliticization, and Bureaucracy Power in Lesotho*, Minneapolis & London, University of Minnesota Press.

FERGUSON James, GUPTA Akhil, 2002, « Spatializing States: Towards an Ethnography of Neoliberal Governmentality », *American Ethnologist*, vol. 29, n° 4, p. 981-1002.

GHANI Ashraf, LOCKHART Claire, 2008, *Fixing Failed States: A Framework for Rebuilding a Fractured World*, Oxford, Oxford University Press.

GIUSTOZZI Antonio, 2000, *War, Politics and Society in Afghanistan, 1978–1992*, London, Hurst.

GIUSTOZZI Antonio, 2008, *Koran, Kalashnikov, and Laptop: The Neo-Taliban Insurgency in Afghanistan*, New York, Columbia University Press.

GIUSTOZZI Antonio, 2009, *Empires of Mud: Wars and Warlords of Afghanistan*, London, Hurst ; New York, Columbia University Press.

GIUSTOZZI Antonio (ed.), 2009, *Decoding the New Taliban: Insights from the Afghan Field*, London, Hurst ; New York, Columbia University Press.

GOODY Jack, 1996, *The East in the West*, Cambridge, New York, Cambridge University Press.

GRAMSCI Antonio, 1971, *Lettres de prison*, Paris, Gallimard (trad. de l'italien par Hélène Albani, Christian Depuyper et Georges Saro).

GREEN Nile, 2011, « The Trans-border Traffic of Afghan Modernism: Afghanistan and the Indian "Urdusphere" », *Comparative Studies in Society and History*, vol. 53, n° 3, p. 479-508.

GREEN Nile, 2008, « Tribe, Diaspora, and Sainthood in Afghan History », *Journal of Asian Studies*, vol. 67, n° 1, p. 171-211.

GREGORY Derek, 2004, *The Colonial Present: Afghanistan, Palestine, Iraq*, Malden & Oxford, Blackwell.

HAGE Ghassan, 2016, « État de Siège: A Dying Domesticating Colonialism ? », *American Ethnologist*, vol. 43, n° 1, p. 38-49.

HANIFI Shah Mahmoud, 2011, *Connecting Histories in Afghanistan: Market Relations and State Formation on a Colonial Frontier*, Stanford, Stanford University Press.

HANSEN Thomas Blom, STEPPUTAT Finn, 2006, « Sovereignty Revisited », *Annual Review of Anthropology*, vol. 35, p. 295-315.

HARPVIKEN Kristian Berg, 1996, *Political Mobilization Among the Hazara of Afghanistan: 1978-1992*, Oslo, Department of Sociology.

HENSHER Philip, 2001, « Let's Be Honest: We Need to Impose our Imperial Rule on Afghanistan », *The Independent*, le 17 octobre.

HIRSCHKIND Charles, MAHMOOD Saba, 2002, « Feminism, the Taliban, and Politics of Counter-Insurgency », *Anthropological Quarterly*, vol. 75, n° 2, p. 339-354.

HOPKINS Benjamin D., MARSDEN Magnus, 2011, *Fragments of the Afghan Frontier*, New York, Columbia University Press.

JONES Seth G., 2009, *In the Graveyard of Empires: America's War in Afghanistan*, New York, W.W. Norton.

JOHNSON Gregory, RAMACHANDRAN Vijaya, WALZ Julie, 2011, *The Commanders Emergency Response Program in Afghanistan: Refining U.S. Military Capabilities in Stability and In-Conflict Development Activities*, Washington D.C., Center for Global Development, Working Paper 265.

KELLY John D., KAPLAN Martha, 2001, *Represented Communities: Fiji and World Decolonization*, Chicago & London, University of Chicago Press.

Bibliographie

KENNEDY David, 2004, *The Dark Sides of Virtue: Reassessing International Humanitarianism*, Princeton & Oxford, Princeton University Press.

LI Tania Murray, 2007, *The Will to Improve: Governmentality, Development, and the Practice of Politics*, Durham & London, Duke University Press.

MALEY William, 2002, *The Afghanistan Wars*: Basingstoke/ New York, Palgrave.

MALEY William, 2006, *Rescuing Afghanistan*, Sydney, University of New South Wales Press.

MARSDEN Magnus, 2016, *Trading Worlds: Afghan Merchants Across Modern Frontiers*, London, Hurst.

MASSON Charles, 1997, *Narrative of Various Journeys in Balochistan, Afghanistan and the Panjab; Including a Residence in those Countries from 1826 to 1838*, New Delhi, Munshiram Manoharlal, 3 vol. [1st ed., 1842].

MIGNOLO Walter, 2011, *The Darker Side of Western Modernity: Global Futures, Decolonial Options*, Durham, Duke University Press.

MONSUTTI Alessandro, 2004, *Guerres et migrations : réseaux sociaux et stratégies économiques des Hazaras d'Afghanistan*, Neuchâtel, Institut d'ethnologie ; Paris, Maison des Sciences de l'Homme.

MONSUTTI Alessandro, 2007, « Migration as a Rite of Passage: Young Afghans Building Masculinity and Adulthood in Iran », *Iranian Studies*, vol. 40, n° 2, p. 167-185.

MONSUTTI Alessandro, 2012, « Fuzzy Sovereignty: Rural Reconstruction in Afghanistan, between Democracy Promotion and Power Games », *Comparative Studies in Society and History*, vol. 54, n° 3, p. 563-591.

MONSUTTI Alessandro, 2013, « Anthropologizing Afghanistan: Colonial and Postcolonial Encounters », *Annual Review of Anthropology*, vol. 42, p. 269-285.

MONSUTTI Alessandro, 2018, « Mobility as a Political Act », *Ethnic and Racial Studies*, vol. 41, n° 3, p. 448-455.

MOSSE David, 2005, *Cultivating Development: An Ethnography of Aid Policy and Practice*, London & New York, Pluto Press.

MOSSE David (ed.), 2013, *Adventures in Aidland: The Anthropology of Professionals in International Development*, New York & Oxford, Berghahn Books.

MURTAZASHVILI Jennifer, 2016, *Informal Order and the State in Afghanistan*, Cambridge, Cambridge University Press.

NATIONAL SOLIDARITY PROGRAMME, 2006, *Operational Manual*, Kabul, Ministry of Rural Rehabilitation and Development.

NEDERVEEN PIETERSE Jan, 2002, « Global Inequality: Bringing Politics Back In », *Third World Quarterly*, vol. 23, n° 6, p. 1023-1046.

NICHOLS Robert, 2008, *A History of Pashtun Migration, 1775-2006*, Oxford/New York, Oxford University Press.

NIXON Hamish, 2008, *Subnational State-Building in Afghanistan*, Kabul, Afghanistan Research and Evaluation Unit.

NOELLE Christine, 1997, *State and Tribe in Nineteenth-Century Afghanistan: The Reign of Amir Dost Muhammad Khan (1826-1863)*, Richmond, Curzon.

OXFAM, 2017, *An Economy for the 99 %*. Oxford, Oxfam International (Oxfam Briefing Paper).

PÉTRIC Boris, 2005, « Post-Soviet Kyrgyzstan or the Birth of a Globalized Protectorate », *Central Asian Survey*, vol. 24, n° 3, p. 319-332.

PÉTRIC Boris, 2013, *On a mangé nos moutons. Le Kirghizstan, du berger au biznessman*, Paris, Belin/Maison des Sciences de l'Homme (Anthropolis).

PÉTRIC Boris (ed), 2012, *Democracy at Large*, New York, Palgrave Macmillan.

Bibliographie

PIOT Charles, 2010, *Nostalgia for the Future: West Africa after the Cold War*, Chicago & London, University of Chicago Press.

QUIJANO Anibal, 2007, « Coloniality and Modernity/Rationality », *Cultural Studies: Theorizing Politics, Politicizing Theory*, vol. 21, n° 2, p. 168-178.

RANDERIA Shalini, 2006, « Eisenstadt, Dumont and Foucault: The Challenge of Historical Entanglements for Comparative Civilization as Analysis », in *Erwägen Wissen Ethik (EWE – vormals Ethik und Sozialwissenschaften, Streitforum für Erwägungskultur)*, vol. 17, n° 1, p. 59-6.

RASHID Ahmed, 2002, *Taliban: Islam, Oil and the New Great Game in Central Asia*, London/New York, I. B. Tauris.

RICHMOND Oliver P., 2011, *A Post-Liberal Peace*, London & New York, Routledge.

ROY Olivier, 1985, *L'Afghanistan : Islam et modernité politique*, Paris, Seuil.

RUBIN Barnett, 1995, *The Fragmentation of Afghanistan: State Formation and Collapse in the International System*, New Haven and London, Yale University Press.

SCALETTARIS Giulia, 2012, « Un emploi sensible : L'entre-deux du personnel local du HCR en Afghanistan », *in* BAZENGUISSA-GANGA Rémy, MAKKI Sami (dir.), *Sociétés en guerres. Ethnographies des mobilisations violentes*, Paris, Maison des sciences de l'homme, p. 167-179.

SCHETTER Conrad, 2003, *Ethnizität und ethnischen Konflikte in Afghanistan*, Berlin, Dietrich Reimer.

SCHETTER Conrad, 2005, « Ethnoscapes, National Territorialisation, and the Afghan War », *Geopolitics*, vol. 10, p. 50-75.

SCHETTER Conrad (ed.), 2013, *Local Politics in Afghanistan: A Century of Intervention in Social Order*, London, Hurst.

SCHUSTER Liza, MAJIDI Nassim, 2013, « What Happens Post-deportation? The Experience of Deported Afghans », *Migration Studies*, vol. 1, n° 2, p. 221-240.

SCHUSTER Liza, MAJIDI Nassim, 2015, « Deportation Stigma and Re-migration », *Journal of Ethnic and Migration Studies*, vol. 41, n° 4, p. 635-652.

SCOTT James C., 1998, *Seeing Like a State: How Certain Schemes to Improve the Human Condition Have Failed*, New Haven & New York, Yale University Press.

SCOTT James C., 2009, *The Art of Not Being Governed: An Anarchist History of Upland Southeast Asia*, New Haven & New York, Yale University Press.

STEVENS Christine, 1989, *Tin Mosques and Ghantowns: A History of Afghan Cameldrivers in Australia*, Melbourne, Oxford University Press.

SUHRKE Astrid, 2007, « Reconstruction as Modernisation: the "Post-conflict" Project in Afghanistan », *Third World Quarterly*, vol. 28, n° 7, p. 1291-1308.

SUHRKE Astrid, 2011, *When More is Less: The International Project in Afghanistan*, New York, Columbia University Press.

TAPPER Richard, 1988, « Ethnicity, Order and Meaning in the Anthropology of Iran and Afghanistan », *in* DIGARD Jean-Pierre (dir.), *Le Fait ethnique en Iran et en Afghanistan*, Paris, Éditions du Centre National de la Recherche Scientifique, p. 21-34.

TAPPER Richard, 2008, « Who Are the Kuchi ? Nomad Self-identitites in Afghanistan », *Journal of the Royal Anthropological Institute*, vol. 14, n° 1, p. 97-116.

TARRIUS Alain, 1995, « Territoires circulatoires des entrepreneurs commerciaux maghrébins de Marseille : du commerce communautaire aux réseaux de l'économie souterraine mondiale », *Journal des anthropologues*, vol. 59, p. 15-35.

Bibliographie

TARRIUS Alain, 2002, *La Mondialisation par le bas. Les nouveaux nomades de l'économie souterraine*, Paris, Balland.

TRÉMON Anne-Christine, 2012, « Que faire du couple local/global ? Pour une anthropologie pleinement processuelle », *Social Anthropology/Anthropologie Sociale*, vol. 20, n° 3, p. 250-266.

TSING Anna, 2000, « The Global Situation », *Cultural Anthropology*, vol. 15, n° 3, p. 327-360.

UNODC, *World Drug Report 2011*, Vienna, United Nations Office on Drugs and Crime.

UNODC, *World Drug Report 2015*, Vienna, United Nations Office on Drugs and Crime.

VIRNO Paolo, 2004, *Virtuosity and Revolution*, http://www.generation-online.org/c/fcmultitude2.html.

WILLEN Sarah S., 2007, « Toward a Critical Phenomenology of "Illegality": State Power, Criminalization, and Abjectivity among Undocumented Migrant Workers in Tel Aviv, Israel », *International Migration*, vol. 45, n° 3, p. 8-38.

Cartes

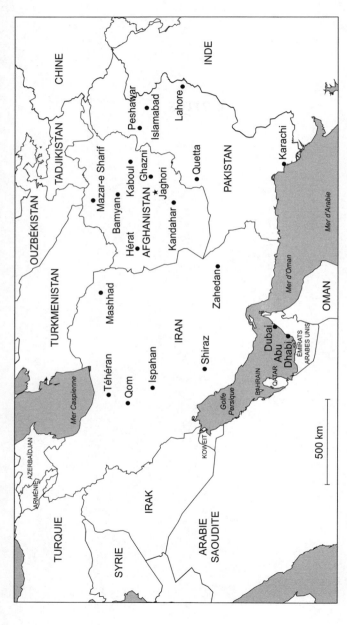

Carte 1 : Afghanistan, Pakistan, Iran, les pays d'origine et de premier accueil – entre conflit et contre-insurrection, développement rural et promotion de la démocratie, refuge et exclusion

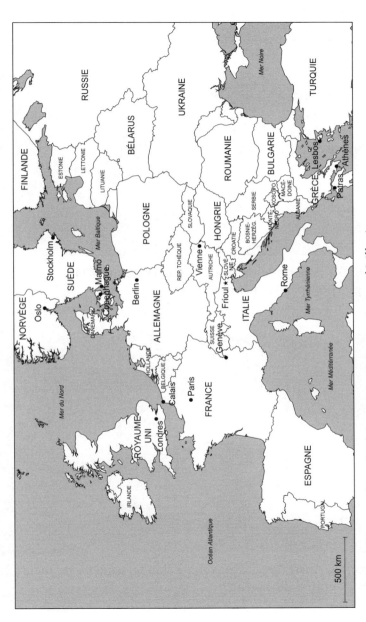

Carte 2 : Europe, la voie de terre – entre espoirs et désillusions

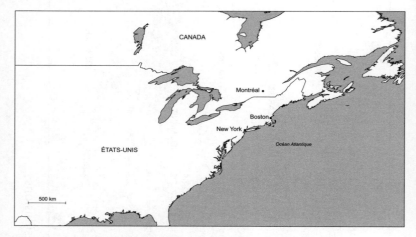

Carte 3 : Amérique du Nord, au-delà de mers (1)
– l'insertion par les petits métiers

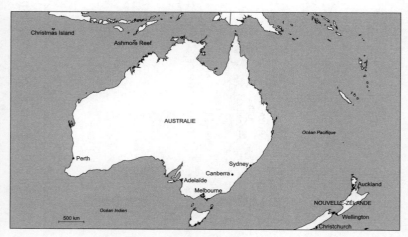

Carte 4 : Australie et Nouvelle-Zélande, au-delà de mers (2)
– les migrants du bateau

Quelques repères historiques

- 1747 – Ahmad Shah Durrani crée une nouvelle entité politique entre les empires de l'Iran safavide, des Shaybanides d'Asie centrale et de l'Inde moghole (dynastie Sadozai).
- 1839-42 – Première guerre anglo-afghane ; défaite des Britanniques; Dost Mohammad (dynastie Mohammadzai).
- 1878-1880 – Deuxième guerre anglo-afghane ; l'Afghanistan devient un semi-protectorat ; Abdur Rahman.
- 1919 – Troisième guerre anglo-afghane ; pleine indépendance de l'Afghanistan ; roi Amanullah.
- 1929 – Rébellion menée par Habibullah ; guerre civile ; roi Nader Shah.
- 1963 – Monarchie constitutionnelle ; Constitution de 1964.
- 1973 – Premier coup d'État ; l'Afghanistan devient une République ; président Daoud Khan.
- 1978 – Deuxième coup d'État (communiste) ; Khalq au pouvoir; guerre civile entre le gouvernement central et les moudjahidin.

- 1979 – Intervention soviétique ; Parcham au pouvoir.
- 1989 – Retrait soviétique.
- 1992 – Chute du gouvernement prosoviétique ; guerre civile entre factions issues de la résistance.
- 1996 – Les talibans (apparus dans l'hiver 1995-96) prennent Kaboul.
- 2001 – Intervention internationale ; chute du régime des talibans.
- Décembre 2001 – Conférence de Bonn ; autorité intérimaire afghane ; Hamid Karzaï.
- Juin 2002 – Loya Jirga (ou Grande Assemblée) d'urgence.
- Décembre 2003-janvier 2004 – Loya Jirga constitutionnelle ; nouvelle Constitution.
- Octobre 2004 – Première élection présidentielle ; élection de Hamid Karzaï.
- Septembre 2005 – Premières élections législatives ; Parlement.
- Depuis 2005-2006 surtout – Insurrection dans le Sud, l'Est et ailleurs (néo-talibans).
- Février 2006 – Conférence de Londres.
- Août 2009 – Deuxième élection présidentielle ; réélection de Hamid Karzaï marquée par des fraudes massives.
- Janvier 2010 – Deuxième Conférence de Londres.
- Juin 2010 – Jirga de la paix.
- Septembre 2010 – Deuxièmes élections législatives, entachées de fraudes.
- Avril 2014 – Troisième élection présidentielle ; aucun candidat n'atteint la majorité absolue.
- Juin 2014 – Deuxième tour entre Abdullah et Ashraf Ghani ; fraudes massives, blocage du processus.

Quelques repères historiques

- Septembre 2014 – Accord de partage du pouvoir entre les parties, Ashraf Ghani devient président alors qu'une nouvelle fonction au sein du gouvernement est créée pour Abdullah.
- Hiver 2014-2015 – L'État islamique s'implante dans l'est de l'Afghanistan et entre en compétition avec les talibans.
- 2015 – Afflux massif de réfugiés en Europe ; plus de 1,2 million de demandes d'asile sont déposées dans les pays de l'Union européenne au cours de l'année, dont environ 14 % émanant d'Afghans ; nombreux naufrages causant des milliers de victimes en mer.
- Juin 2015 – Attaque du Parlement afghan par les talibans.
- Septembre 2015 – Les talibans prennent le contrôle – et le conservent pendant quelques jours – de la ville de Kunduz, dans le nord du pays ; bavure de l'aviation américaine, qui bombarde l'hôpital de Médecins sans Frontières.
- Avril 2016 – Attentat suicide revendiqué par les talibans contre le bâtiment des services de renseignements afghans à Kaboul.
- Juillet 2016 – Attaque revendiquée par l'État islamique d'une manifestation pacifique organisée par les Hazaras à Kaboul ; des dizaines de morts.
- Septembre 2016 – Accord de paix entre le gouvernement afghan et le Hezb-e Islami, faction historique de la résistance.
- Octobre 2016 – Nouveaux combats à Kunduz entre les talibans et l'armée nationale afghane.
- Fin 2016 – Les talibans contrôleraient entre 20 et 40 % du territoire national ; l'implantation de l'État

islamique dans l'est du pays ajoute à la complexité de la situation ; le niveau d'insécurité reste élevé ; l'année a été marquée par plus de 600 000 déplacés internes et un nombre équivalent de personnes rapatriées plus ou moins volontairement du Pakistan et d'Iran.

Table

Préambule 9

Chapitre 1. – Reconstruire l'Afghanistan :
  contre-insurrection et imaginaire colonial....... 23
Chapitre 2. – L'État dans tous ses états :
  les élections et la démocratisation 43
Chapitre 3. – Éduquer les élites : de Genève
  à Abu Dhabi... 63
Chapitre 4. – Le développement rural :
  une affaire de *workshops*............................. 81
Chapitre 5. – La vie au village :
  un chevauchement de solidarités
  et de conflits 103
Chapitre 6. – Les pays voisins : des refuges
  qui se dérobent 123
Chapitre 7. – Au-delà des mers :
  jouer avec les catégories............................... 143
Chapitre 8. – La Grèce, filtre de tous les espoirs... 163
Chapitre 9. – Europe, mon amour, ou les ruses
  de l'itinérance... 187

Chapitre 10. – Des modernités contestées :
une anthropologie transnationale
du politique... 207

Épilogue 231
À propos de l'enquête.. 241
Bibliographie... 245
Cartes 257
Quelques repères historiques 261

*Composition et mise en pages
Nord Compo à Villeneuve-d'Ascq*

Imprimé en France
par JOUVE
1, rue du Docteur Sauvé, 53100 Mayenne
septembre 2018 - N° 2778637S

JOUVE est titulaire du label imprim'vert®